AF311565

# LE ROI,

## LA CHAMBRE, LE MINISTÈRE, LE PAYS.

« Ceci est l'œuvre d'un homme de bonne foi. »

PARIS

BOHAIRE, LIBRAIRE-ÉDITEUR

BOULEVART ITALIEN

1859

# LE ROI,

## LA CHAMBRE, LE MINISTÈRE,

### LE PAYS.

La session va s'ouvrir. Tout le monde se demande quelles seront les dispositions et les tendances de la Chambre élective, s'il y aura une majorité de gouvernement, forte et bien tranchée, et personne n'ose répondre.

L'incertitude où l'on est accuse en général la tiédeur des opinions, la langueur des esprits, et sans doute aussi la crainte qu'on éprouve de s'engager trop précipitamment. Cette incertitude n'existait pas il y a un an : on savait, à coup sûr, quelques semaines avant l'ouverture de la session, que le cabinet du 15 avril allait être exposé aux attaques d'une opposition formidable. On savait pour quels motifs et sous quels prétextes il allait subir ces attaques.

Aujourd'hui, rien de semblable. Le pays est tranquille, presque indifférent. La presse, si elle n'est pas bienveillante, a peu d'acrimonie dans son langage. Il semble que le ministère, s'il n'a pas d'amis, compte peu d'ennemis, et qu'il peut aborder la Chambre avec quelque assurance. Aucun parti, aucun groupe un peu considérable dans le parlement, ne s'est mis en hostilité patente avec lui; aucun drapeau n'a été arboré, aucun manifeste de guerre n'a été lancé.

Dans un pays soumis au système représentatif, une telle situation doit paraître peu régulière. Les luttes, les rivalités des partis, la polémique ardente des feuilles publiques, le mouvement, l'agitation des esprits, sont, pour ainsi dire, l'âme, la vie, et, en quelque sorte, l'essence d'un gouvernement de liberté.

Il y a donc dans ce qui se passe quelque chose d'étrange. Tout effet a ses causes. Il peut être utile et instructif de saisir et de discerner celles qui ont produit l'espèce d'affaissement qui se fait sentir, et qui doit être signalé comme un symptôme de dégoût, du peu de confiance que les hommes politiques et les divers groupes parlementaires ont en eux-mêmes et dans leurs forces respectives, et de la défiance de chacun à l'égard de tous. Pour cela, il devient nécessaire de remonter dans le passé; de montrer la formation et la décomposition des partis; de dire leurs fautes et les passions des hommes, les torts

de tout le monde ; de démêler ce qu'il y a de fondé
dans les griefs qu'on s'est imputé mutuellement ; de
rappeler ces efforts infructueux qui ont fait succéder
le découragement à des projets téméraires, et d'in-
diquer comme cause véritable de la situation le caractère et l'esprit de suite des personnages qui la
dominent ; les erreurs, les haines, l'ambition d'autres personnages qui la subissent.

Si la situation se prolongeait, elle deviendrait
funeste pour tous les pouvoirs et pour le pays, plus
funeste pour le trône et pour la dynastie que la
royauté peut-être ne pourrait le penser. Mais, afin
de trouver le remède, il faut pénétrer jusqu'aux
racines du mal, dire aux partis et à leurs chefs les
vérités qu'ils s'obstinent à se cacher à eux-mêmes,
les dire nettement, hardiment, au risque de blesser
la susceptibilité des uns, de froisser l'amour-pro-
pre des autres, et d'irriter bien des gens en dévoi-
lant le fond de leur pensée. J'aurai le mérite de la
franchise. J'écris sans préoccupation personnelle et
sans animosité, mais aussi sans poltronnerie et sans
ménagement calculé.

Je parlerai d'abord de la couronne.

Le roi Louis-Philippe avait cinquante-six ans
accomplis, quand le suffrage libre et spontané des
représentants du pays l'appela à monter sur le trône.
Son avénement fut salué par les plus vives acclamations, il excita un enthousiasme presque général. Dans un moment où l'on ne calculait pas et où
les esprits et les cœurs étaient disposés à se laisser
aller à la confiance et à l'entraînement, lui-même

dut, pendant quelques jours, se faire illusion. On le regardait avec raison comme le partisan le plus dévoué d'une révolution accomplie au nom de la légalité, qui consacrait les conquêtes d'un demi-siècle de luttes et d'efforts; on le lui disait avec ivresse, on lui rappelait qu'il avait combattu dans sa jeunesse sous les couleurs nationales; il répondait avec effusion, avec reconnaissance. Mais, en s'abandonnant à la joie commune, en partageant les espérances des grands corps de l'État et des populations, le nouveau roi ne pouvait oublier les leçons du passé et celles de sa propre expérience. En repassant l'histoire contemporaine, sa mémoire lui déroulait des scènes terribles et d'effrayants souvenirs. Tout jeune encore, il avait applaudi aux luttes fougueuses de la liberté, il s'était enrôlé avec enthousiasme sous sa bannière; soldat de la patrie, il avait pris part aux premières victoires de la révolution contre les ennemis de la France, et pour prix de son dévouement, il s'était vu proscrit! Sa famille, comme lui, avait été proscrite! Pour trouver un refuge en Europe, il avait été obligé de cacher son nom, de dépouiller ses titres, son rang, et pour suffire aux nécessités de la vie, d'embrasser l'humble condition de professeur dans un collége!

Dans sa retraite de Reichnau, il dut faire de pénibles retours sur lui-même, et le spectacle des divisions qui déchiraient la France, des crimes qui l'épouvantaient, ne put que lui inspirer une aversion profonde pour les bouleversements et pour les maux affreux qu'entraîne l'anarchie. Un tel spec-

tacle devait surtout être un sujet de fortes médita-
tions pour un jeune homme doué d'un jugement
précoce, habitué dès l'enfance à une vie régulière,
appliquée, qui avait su résister aux exemples con-
tagieux du plaisir et d'une galanterie corrompue,
qui savait penser, et qui possédait une instruction
étendue et variée à dix-neuf ans, à cet âge où les
autres hommes jugent mal de tout, parce qu'ils
mesurent tout à leurs illusions et à leur ignorance.

L'Europe était livrée aux horreurs d'une guerre
universelle par la lutte de deux principes. Au nom
de l'un de ces principes, les souverains étrangers
avaient signé la convention de Pilnitz, et dicté au
duc de Brunswick son manifeste insolent contre le
peuple français; au nom de l'autre, la Convention
nationale proclamait l'insurrection, défiait les rois,
appelait tous les peuples à la révolte, et secouait
autour de tous les trônes la torche révolutionnaire.
On était dans l'exaspération d'une lutte acharnée;
partout la violence était à l'ordre du jour, et partout les esprits sages, modérés, ceux qui s'élevaient
au-dessus des passions et des préjugés du moment,
étaient traités de faibles, de pusillanimes, vus avec
défiance, ou proscrits avec fureur. Quelques - uns
de ces esprits d'élite, l'honneur de la France, supé-
rieurs à leur mauvaise fortune, ne pouvant faire
entendre leur voix au milieu du grondement des
passions déchaînées, attendaient avec calme et ré-
signation, sur la terre d'exil ou sous la hache du
bourreau, que la raison publique, fruit de la lassi-
tude et d'une expérience chèrement payée, vînt

proclamer l'alliance possible de l'ordre et de la liberté. De ce nombre était le jeune duc d'Orléans. Comme Mounier, Malouet, Lally-Tolendal, Bergasse; comme Mirabeau, quand il emportait au tombeau, dans son cœur expirant, le deuil de la monarchie; comme le jeune Barnave, revenu des erreurs où l'avait précipité l'emportement de son esprit; comme Chapelier et Thouret, confessaut sur les marches de l'échafaud qu'ils s'étaient trompés; comme tous les hommes éclairés et généreux de l'Assemblée constituante qui aimaient leur patrie et qui lui avaient tout sacrifié, ce prince comprenait déjà que, dans un pays qui a des traditions monarchiques, et qui veut être heureux et libre, l'autorité doit être sagement partagée entre les pouvoirs héréditaires et le pouvoir électif. Quelques lettres, retrouvées depuis, adressées aux personnes qui étaient dans la confidence de ses secrets et de ses chagrins, attestent que c'était là le sujet habituel de ses reflexions. Les événements mûrissent vite un esprit méditatif, et le prince avait assisté à tous ceux de notre mémorable révolution; il y avait souvent pris part!

Un seul pays, en Europe, avait des institutions conformes aux principes dont sa raison respectait la sagesse. Plus tard, le prince y trouva l'hospitalité. Ce fut en Angleterre qu'il apprit quelle force une nation sagement constituée sait puiser, dans la nature de son gouvernement, contre les obstacles qui lui sont suscités au dedans et au dehors. Ce fut aussi en Angleterre qu'il put voir quelle puissance une

nation retire des progrès de son commerce, du développement de son industrie, quelle source féconde
de richesse, de bien-être et de prospérité, elle trouve
dans l'emploi bien combiné, habilement dirigé, de
ses forces et de son activité. Quand la guerre englou-
tissait des ressources extraordinaires et des sommes
jusqu'alors réputées fabuleuses, l'Angleterre était le
banquier de l'Europe, et pouvait soudoyer toutes
les coalitions formées contre la France.

Dans le cours de sa jeunesse si remplie, si agitée,
si traversée d'obstacles, le duc d'Orléans avait visité
la nouvelle république de l'Union américaine; il y
avait séjourné. Là, ses regards n'avaient pas été at-
tristés du spectacle des passions désordonnées qu'en-
fantent les vices d'une vieille société. Il avait vu un
peuple de planteurs, de marchands, d'agriculteurs,
actifs, laborieux, jouissant du bien-être de l'aisance
et de celui de l'indépendance. Là, la vie était facile,
les moyens d'assurer l'existence commodes et nombreux. Des terres d'une immense étendue, incultes
mais fertiles, étaient offertes à l'activité de l'homme;
la culture payait généreusement le labeur de ses
bras. Là, chacun possédant une industrie ou un
patrimoine, était intéressé à la conservation de la
chose publique. A côté d'institutions démocrati-
ques, radicalement vicieuses, qui laissaient, comme
elles laissent encore, l'honneur, quelquefois la vie
des citoyens et la dignité des pouvoirs publics, à la
merci de l'audace d'un brigand et du cynisme d'un
folliculaire, et qui n'ont jamais eu la prévoyance
de protéger l'ordre public et la tranquillité privée

par l'organisation d'une véritable force de sûreté et d'une police sérieuse, le prince voyait une société turbulente grandir néanmoins chaque jour, croître en force, et s'élever à un haut degré de prospérité. Il comprit que l'ordre social étant fondé sur le bien-être individuel et sur la faculté qu'avait chacun d'être propriétaire, reposait sur une base inébranlable, et que, si l'État était exposé à des désordres, il était à l'abri de ces révolutions qui bouleversent un pays de fond en comble.

Après plus de vingt années d'exil passées à méditer, à voyager, à observer, à s'instruire, à étudier les événements contemporains et leurs causes, à connaître les principaux acteurs de ces événements, le duc d'Orléans rentra en France en 1814. Il revenait avec la Restauration, à la suite des cruels revers essuyés par la France, et nos désastres lui apprenaient que le génie des révolutions, appuyé sur les plus brillantes victoires et sur le prestige de la gloire, n'est pas toujours assez puissant pour fixer la fortune, quand il ne sait pas se modérer et imposer un frein à l'ambition. Après les cent jours, la seconde invasion de la France, suivie d'une autre restauration, lui démontrait que cette France, qui s'était levée en masse pour défendre son indépendance en 1792, abandonnait à la rigueur de sa destinée un homme, quelque grand qu'il pût être, quand cet homme personnifiait en lui tout un système de guerre éternelle et de conquêtes.

La Restauration n'était pas populaire, mais le pays s'en serait accommodé, si elle avait su comprendre les vœux, les besoins et les instincts nouveaux du pays. Ceux qui disent le contraire se trompent étrangement, s'ils ne mentent pas à des souvenirs récents et à la conscience publique.

Le duc d'Orléans, renfermé au Palais-Royal, en butte aux soupçons du vieux parti de l'émigration, dut, pour y échapper et pour ne pas paraître approuver les vœux qui s'adressaient à lui, se renfermer dans une prudence qui lui était naturelle, et que les situations difficiles qu'il avait traversées n'avaient fait que perfectionner. Mais on se trompait singulièrement à la cour de Louis XVIII, quand on supposait que le duc d'Orléans était, au fond du cœur, l'un des adhérents d'un libéralisme exagéré.

Toutefois, il voyait l'esprit et les tendances du pays; il s'associait à des vœux honnêtes et légitimes, mais avec réserve, avec ménagement, se tenant en dehors des affaires, et ne donnant jamais prise aux accusations de la malveillance. On savait qu'il désapprouvait les préjugés incurables, les tentatives, les projets ultérieurs du parti de l'émigration et du pavillon Marsan. Il jouissait d'une grande popularité. Le Palais-Royal était le rendez-vous de ce que la nouvelle aristocratie comptait de plus brillant : dans ses salons se pressaient en foule des savants, des artistes distingués, de grands orateurs, des personnages influents dans les deux Chambres, beaucoup d'hommes qui n'ont jamais conspiré contre la branche aînée des Bourbons, mais qui n'avaient ni foi dans le génie de la Restauration, ni confiance dans sa sagesse. Par eux le duc d'Orléans connaissait parfaitement l'état des esprits, les mouvements de l'opinion ; il était, en quelque sorte, en rapport direct et permanent avec le pays, et, sans encourager aucune espérance, sans devancer, peut-être, par ses vœux, les desseins que la Providence avait sur lui, il était merveilleusement préparé à devenir, sur le trône, le représentant et le protecteur d'une foule d'intérêts respectables, créés par la révolution, des principes servant de règle à ces intérêts d'un ordre nouveau, de ces idées de progrès modéré et sagement ordonné, que la Restauration ne pouvait comprendre, qu'elle redoutait, qu'elle méprisait même au fond du cœur, et qu'elle alarmait sans cesse.

Ce qui achevait de gagner au prince cette affection qui se manifestait en toute circonstance, et qui, le lendemain de la révolution, éclatait en transports d'allégresse, c'était la simplicité de ses goûts et de ses habitudes. Il aimait à embellir, à faire cultiver ses propriétés et ses domaines. On savait qu'il honorait l'industrie et l'agriculture, comme les deux sources principales de la richesse et de la félicité publiques. Modèle des époux et des pères, entouré de sa belle famille, on estimait ses mœurs, on respectait l'homme à l'égal du prince. Ses enfants, confondus avec ceux des autres citoyens, recevaient une éducation libérale, ce qui flattait singulièrement l'orgueil des classes aisées, et ces idées d'égalité déjà répandues alors dans tous les rangs de la société, et qui chaque jour dominent davantage dans nos mœurs. Du reste, actif, laborieux, infatigable, comme il l'était dans sa jeunesse, comme le roi Louis-Philippe l'est aujourd'hui.

On voit quelles qualités et quels penchants le roi devait apporter sur le trône ; on voit aussi quels intérêts devaient principalement se grouper autour de lui pour prêter appui à son trône, pour s'y rattacher comme à un lien puissant qui devait leur donner plus de force en les unissant ; quels besoins communs, quelles sympathies devaient présider à la formation d'une alliance étroite entre tous ces intérêts fondés par la révolution, entre l'esprit et les mœurs qui étaient nés d'elle, et la nouvelle dynastie.

Jamais trône, récemment fondé, n'eut à remplir une tâche aussi pénible, aussi laborieuse, que celui de juillet. A peine élevé, il fut assailli d'exigences, de réclamations : des amis fort chaleureux, mais peu éclairés, qui avaient vieilli dans des habitudes opposées à toute bonne direction de gouvernement, entiers, absolus dans leurs idées étroites, croyant qu'on pouvait gouverner un grand pays en ne laissant au pouvoir qu'un semblant d'autorité morale, et qu'on réprime les passions et l'insolence des partis avec des homélies, semaient comme à plaisir les obstacles sous ses premiers pas. Ils étaient euxmêmes dirigés par un tas de brouillons, d'intrigants, d'aventuriers, qui croyaient modestement que les plus riches dépouilles de la France devaient leur revenir par droit de patriotisme. Ceux-ci avaient des prétentions exorbitantes ; on leur devait tout : ils avaient, à les entendre, fondé le gouvernement ;

ils avaient conspiré jadis ; ils avaient fait leurs preuves ; et ne pas récompenser largement leur dévouement, leurs services, c'était fausser les conséquences de la révolution qui venait de s'accomplir. Ils ne pouvaient surtout comprendre, ces intrépides et vertueux citoyens, qu'on pût leur préferer des hommes capables, qui avaient eu le malheur de servir le pays sous d'autres gouvernements, et qui avaient le malheur plus grand encore d'aimer la subordination, de respecter la hiérarchie dans les fonctions publiques, de conserver avec fermeté le dépôt des lois et des traditions administratives. Ces messieurs avaient la science infuse ; qui pouvait en douter? N'avaient-ils pas leurs grandes et petites entrées chez M. de Lafayette? M. Laffitte les écoutait ; ils métamorphosaient M. Odilon Barrot à l'état de grand homme, et dictaient à M. Dupont (de l'Eure) ces nominations judiciaires qui eussent fait la honte de la magistrature, si elles eussent toutes été approuvées. Ils avaient vu le nouveau roi; ils consentaient à le laisser sur le trône en guise de soliveau, pourvu qu'il se conformât à leurs prescriptions, et que le gouvernement fût plein de déférence pour leur politique de cabaret.

Ce qui était déplorable, c'est qu'ils eurent d'abord de l'influence. Ils s'en servirent pour enfler outre mesure l'opinion que leurs patrons devaient avoir de leur propre importance. Ces derniers, d'un esprit fort médiocre, n'étaient que trop disposés à s'en faire accroire, car rien n'est vaniteux comme la médiocrité. Ils croyaient, de la meilleure foi du

monde, qu'ils pouvaient régler en famille les attri-
butions de la couronne, régner de compte à demie
avec elle, se réserver la meilleure part, attendu
leurs bonnes intentions, protéger, conduire pas à
pas et admonester patriarcalement la royauté qu'ils
avaient rêvée dans leur petite cervelle, et qui devait
s'estimer heureuse de confier à leurs mains popu-
laires la conduite des affaires.

Ces prétentions, de haut et de bas étage, étaient
d'autant plus nuisibles, que tout était dans le dés-
ordre, dans la confusion, et qu'il fallait tout
réorganiser. La garde nationale de Paris, il est vrai,
pouvait protéger l'ordre matériel. Elle s'était armée,
habillée, elle avait formé ses légions avec un enthousiasme digne des plus beaux jours de 89 et de
90, et quelques semaines après les journées de
juillet, une force de plus de 60,000 hommes, rece-
vant au Champ-de-Mars ses drapeaux des mains du
nouveau roi, aux acclamations d'un peuple immense, présentait un spectacle plus imposant peut-
être que celui de la première fédération. Mais
l'anarchie régnait dans les esprits; une fièvre d'exaltation faisait bouillonner toutes les jeunes têtes;
les passions révolutionnaires fermentaient avec d'autant plus de violence, que les débris de ces partis
toujours vaincus et qui conspirent toujours, après
s'être agités sourdement, s'étaient vus, plusieurs
années durant, réduits à l'impuissance de remuer;
les idées qu'une opposition, forcée de faire arme
de tout, avait émises pendant quinze ans, voulaient
se traduire en fait et en droit; tous les liens de

discipline sociale étaient relâchés; l'administration, encombrée de rouages nouveaux, fonctionnait mal et n'inspirait aucun respect. La révolution de juillet avait été si pure dans son principe et dans ses motifs, il y avait eu dans le peuple et dans les jeunes gens qui l'avaient soutenue, tant de probité et d'abnégation pendant la lutte, qu'on était volontiers disposé à regarder, en politique, l'action répressive des lois comme une tyrannie et qu'on croyait sérieusement qu'il fallait substituer la moralité du libre arbitre à l'autorité des pouvoirs publics. Cette opinion était peu justifiée, car la dernière révolution ne nous avait pas le moins du monde ramenés à la pureté et à l'innocence de l'âge d'or.

Au milieu de ce bouleversement des esprits, de ce chaos moral, qu'on se figure la situation du nouveau gouvernement! Et parmi ceux qui étaient ou qui se disaient de ses amis, il en était beaucoup qui lui causaient plus d'obstacles et d'embarras que ses adversaires déclarés, ses ennemis acharnés. Ces malencontreux amis l'étourdissaient de clameurs, l'obsédaient, le tyrannisaient en tous sens, le réduisaient à une condition intolérable, et paralysaient ses moindres mouvements en face des dangers qui déjà l'assiégeaient de toutes parts. Quand il ne cédait pas à leurs exigences insupportables et compromettantes, ils se plaignaient avec aigreur; et lorsqu'ils virent qu'il avait une volonté propre et assez d'intelligence pour se conduire et pour choisir des instruments capables de le comprendre, de le seconder et de fortifier son ascendant de l'influence

de leurs talents, de leur fermeté et de leur exemple,
ils crièrent à l'ingratitude!

Et telle est en réalité l'origine de ces calomnies,
de ces imputations contre le pouvoir royal, qui
portèrent le trouble dans une foule de consciences
honnêtes, de cœurs généreux, qui semèrent la défiance dans beaucoup d'esprits, et faussèrent quelquefois l'opinion du pays!

Les partis ont un instinct admirable pour se rap-
procher des mécontents et pour récriminer en leur
nom. L'occasion était belle, ils la saisirent avec
empressement. Le parti républicain se forma et
conspira ouvertement contre le trône, sous l'invocation des principes qui avaient été en honneur aux
Cordeliers, aux Jacobins et dans le parti Monta-
gnard. Des députés en faisaient partie, et parmi ses
membres les plus violents on comptait un avocat
que M. Dupont ( de l'Eure ) avait appelé aux fonctions de secrétaire-général au département de la
justice. Le parti républicain se donna une organisation; il eut ses journaux, ses clubs où l'on sanc-
tifiait Saint-Just, Robespierre, Couthon, et reçut
dans ses rangs les disciples de Babœuf.

La Charte révisée avait à jamais aboli la censure,
et on proclamait comme un droit acquis la liberté
illimitée de la presse : à la faveur de cette opinion,
les feuilles hostiles au gouvernement l'attaquaient
avec une violence, une obscénité de langage qui
rappelaient les écrits les plus dégoûtants de 92
et de 93. Elles prenaient surtout le roi à partie,
elles l'accablaient d'outrages grossiers, l'accusant

sans pudeur, lui prêtant toutes les perfidies; elles agissaient ainsi en vertu de l'axiome de Tacite : *Semel odioso principe, seu bona, seu mala premunt.* « Quand le prince est devenu odieux, « tout ce qu'il fait lui est pernicieux, le bien comme « le mal. » Par une tactique qui leur a longtemps réussi, à leurs dénigrements éhontés contre le trône, elles mêlaient des cajoleries, des compliments de condoléance, des paroles d'estime pour les hommes qui s'étaient crus destinés à servir à ce trône de protecteurs en titre et de curateurs. En retour de ces procédés touchants, ceux qui boudaient et qui sentaient déjà fermenter en eux ces haines qu'inspire aux ambitieux impuissants la vanité blessée, rendaient au parti républicain force éloges et caresses; ils ne l'accusaient que d'un zèle trop généreux, d'inexpérience, d'une effervescence patriotique que le temps calmerait, et qui avait sa source dans les sentiments les plus purs, les plus élevés. Et ils se confondaient avec lui en injures plus habiles, plus perfides, en reproches calculés, en insinuations odieuses contre la royauté. Tout le monde peut s'en souvenir. Quand M. Laffitte, en 1836, demanda *pardon à Dieu et aux hommes* d'avoir contribué à la révolution, ce mot dut bien le soulager; il le couvait depuis qu'il n'était plus ministre.

Un vieux préjugé, qui s'est un peu amorti depuis, et dont nous serons peut-être délivrés un jour, régnait dans le pays : c'est que le pouvoir, par cela seulement qu'il est le pouvoir, est nécessairement l'ennemi du bien public. Ce préjugé était d'autant

plus aisément exploité par les factions et par les
mécontents, que, pendant quinze ans, la France
avait ajouté une foi entière aux journaux de l'opposition et repoussé dédaigneusement la défense du
pouvoir, quand elle était présentée par des feuilles
qui lui prêtaient leur appui. Il semblait naturel
qu'un journal fût un instrument d'attaque, un or-
gane d'opposition, et l'on ne pouvait se faire encore
à l'idée que le pouvoir trouvât, à son tour, dans la
presse, c'est-à-dire dans un appel à l'opinion, té-
moignant ainsi de son respect pour elle, cet appui
moral sans lequel il est impossible de se maintenir
sous un gouvernement de liberté fondée sur la discussion. C'était reconnaître à la presse une autorité
immense et sans contrôle, une dictature effrayante
et sans exemple; c'était lui créer le droit de tout re-
mettre constamment en question, les pouvoirs publics, les institutions, l'ordre social, de faire pério-
diquement des révolutions pour son amusement
particulier.

Le gouvernement n'avait pas eu le temps de se
donner des journaux chargés d'exposer ses vues et
ses intentions; il ne se doutait même pas encore de
l'utilité d'une presse bien organisée, et aucun cabinet
jusqu'ici n'a compris toute la portée et toute l'influence salutaire d'une semblable organisation. L'opinion publique était donc travaillée par les idées les
plus dangereuses, quand elle n'avait déjà que trop
besoin d'être redressée, éclairée, d'être guérie d'une
foule d'erreurs. Les gens les plus honnêtes, les plus
modérés par sentiment et par position, étaient imbus

de ces erreurs ; elles aveuglaient cette portion de la presse qui voulait loyalement et avec chaleur le maintien du trône nouveau, la Chambre même qui l'avait fondé, la majeure partie du pays. L'esprit public presque tout entier était à refaire ; peu d'hommes voyaient le danger des tendances générales pour le trône et pour l'avenir d'une dynastie. Peu se préoccupaient des périls réels de la situation, parce qu'ils ne pouvaient sonder la profondeur du mal. Il était bien plus encore dans les préjugés du pays que dans l'audace et l'énergie des factions. Toutes les fois qu'elles ont osé se montrer en armes, elles ont été écrasées, et jamais elles n'auraient eu la folie de descendre sur la place publique, si l'état général des esprits ne leur eût inspiré de coupables espérances.

D'un autre côté, le parti de la guerre voulait entraîner la France dans les hasards et les dangers d'une lutte générale. A la tribune, le général Lamarque et M. Mauguin prononçaient des harangues belliqueuses. Les têtes ardentes voulaient déchirer les traités de 1815, venger nos défaites et reprendre la frontière du Rhin. Les républicains ne parlaient de rien moins que de faire de la propagande universelle et de façonner l'Europe à l'image de leur gouvernement de prédilection. Leur procédé ressemblait à celui d'Anacharsis Clootz : il voulait municipaliser l'Europe pour le bonheur de ses habitants ; ils prétendaient, eux, la républicaniser.

La révolution de juillet avait eu le plus grand retentissement ; elle ébranla bientôt l'Europe, et l'on put craindre qu'elle ne la bouleversât. L'Angleterre

l'avait accueillie avec enthousiasme; les wighs célébraient dans son triomphe celui de la légalité; les
radicaux, moins puissants, moins arrogants qu'ils
ne le sont aujourd'hui, la victoire du peuple qui
leur donnait des espérances, et le parti tory n'osait
la blâmer, tant elle était légitime. Il était évident
qu'elle l'était encore plus que celle de 1688 : les
plus loyaux en convenaient; les autres se taisaient,
sous peine de faire amende honorable à la mémoire
des Stuarts et de renier la conduite de leurs an-
cêtres.

Le parti constitutionnel s'agitait en Espagne et en
Portugal. Des mouvements se préparaient en Italie;
la plus grande fermentation régnait dans la Ro-
magne et dans les Légations. L'Autriche, pour comprimer un mouvement qu'elle prévoyait, envoyait
des forces considérables dans la Lombardie et dans
ses nouvelles possessions. L'Allemagne songeait aux
promesses de 1813, oubliées avec tant d'ingratitude.
Les sociétés secrètes et les universités étaient dans
l'exaltation la plus fanatique. Une insurrection éclatait à Bruxelles. Comme au temps de Philippe II,
les anciens Pays-Bas étaient de nouveau séparés.
Les provinces catholiques, soumises, par les traités
de 1815, au gouvernement de la maison de Nassau,
brisaient les liens qui les rattachaient à ce gouvernement, et déclaraient la Belgique un État indépen-
dant et libre. La partie de la Pologne que les traités
de partage et la force avaient donnée à la Russie,
s'était soulevée au nom de sa nationalité, et soute-
nait contre l'oppression une lutte héroïque et déses-

pérée ; elle en appelait à la sympathie des nations, et implorait le secours de la France.

Tout le monde croyait à la guerre, ceux-là même qui la redoutaient le plus. « Elle est dans les choses, « disait-on ; un peu plus tôt, un peu plus tard, il « faudra la faire ; il est impossible qu'elle n'éclate « pas. » Cette opinion si fort accréditée rendait la guerre plus probable encore.

Les esprits timides étaient effrayés ; les plus prudents ne savaient comment conjurer l'orage qui grondait de toutes parts, et qui nous menaçait au dedans et au dehors d'une effroyable tempête ; ceux qui avaient foi au génie de la France n'attendaient rien que de la victoire, et prenaient leur parti des calamités de la guerre ; les plus ardents, ceux qui regardaient la propagande comme moyen de révolutionner l'Europe et d'en faire une grande république, se réjouissaient et croyaient le moment venu où leurs rêves allaient se réaliser.

On ne pouvait donc envisager sans frémir tout ce que la situation avait de sinistre, tout ce qu'elle offrait, à l'intérieur et à l'extérieur, de périls présents ou dans un avenir plus ou moins rapproché. Au milieu de la confusion alarmante des esprits, de ce pêle-mêle de craintes, de désirs immodérés, d'illusions dangereuses, de projets insensés, quelques hommes seuls conservèrent le sang-froid, la confiance, la fermeté de caractère nécessaires pour dominer les circonstances, la raison supérieure qu'il fallait pour calculer l'immensité du danger et les moyens d'y faire face. A leur tête était le roi Louis-Philippe.

Une grande pensée préoccupait l'esprit du roi. Elle fut ainsi formulée par Casimir Périer : l'ordre au dedans, la paix au dehors! Il en fit sa devise ; il l'inscrivit sur son drapeau qui devint celui de la résistance à l'anarchie et à la propagande. Cet homme courageux, à jamais regrettable, succomba sous le poids des fatigues que lui imposait la tâche qu'il fallait remplir. Après sa mort, le pouvoir responsable passa aux mains d'hommes d'état remarquables par le talent de la parole, par la sagesse, la fermeté et une haute intelligence des affaires. Ils s'étaient associés au système inauguré par Périer; ils vouèrent toutes leurs facultés au triomphe de la politique de résistance et de modération.

On l'a souvent proclamé avec justice : MM. de Broglie, Guizot, Thiers, leurs amis, les orateurs qui ont secondé de leur parole l'éloquence du ministère du 11 octobre, la majorité qui les a appuyés avec tant de courage et de sagesse, ont rendu d'immenses services au pays et au trône. La majorité, dès l'origine, fut quelquefois vacillante, incertaine, flottante : ainsi, sans la nouvelle, arrivée pendant la nuit, que l'armée hollandaise était entrée sur le territoire belge, Casimir Périer allait se retirer. Il avait eu beaucoup de peine à l'emporter d'une voix sur M. Laffitte, sur ce même M. Laffitte qui ne trouverait pas aujourd'hui vingt boules dans toute la Chambre ! Mais quand le danger fut manifeste, toute hésitation cessa ; une forte majorité se rallia franchement et loyalement autour du drapeau de la résistance, et appuya, toujours avec modération,

mais avec fermeté et dévouement, toutes les mesures que réclamaient les circonstances. A l'intérieur, ces mesures grandes et salutaires, quelquefois répressives, ont contribué à l'apaisement des
esprits et à la déconsidération des partis.

Quant à la question extérieure, elle était com-
pliquée de tant de difficultés, elle tenait par tant de
points à l'équilibre européen, en général, à l'ordre
social en France, aux délimitations de territoire et
au principe même du gouvernement dans les autres
pays, qu'il fallait, pour essayer de la résoudre sans
une guerre effroyable, toute la sage confiance, tout
le discernement que donne un demi-siècle d'expérience des hommes et des choses ; il fallait une force
de volonté, une sûreté de jugement dont l'accord
constitue les esprits privilégiés de la nature. Ce fut
ce que tenta le pouvoir nouveau. Il était entre deux
écueils, il sut les éviter tous les deux. Il puisait, dans
ses souvenirs et dans la rectitude de ses apprécia-
tions politiques, des motifs de se défier justement
de cet enthousiasme qui provoquait des insurrec-
tions, et qui se serait éteint presque aussi facilement qu'il s'était allumé. A l'époque de la première
révolution, on disait aussi que l'Europe faisait des
vœux pour la liberté française. Et, en effet, on avait
lieu de le croire ; les Provinces - Unies s'étaient in-
surgées contre le prince d'Orange ; les Pays-Bas au-
trichiens contre l'empereur ; la Pologne avait décrété
une constitution, et protesté, les armes à la main,
contre le partage odieux de son territoire. Tous les
aventuriers de l'Europe venaient féliciter nos as-

semblées au nom du genre humain ; de grands orateurs célébraient notre révolution dans le parlement
d'Angleterre, et les clubs de Londres nous en-
voyaient des députations de harangueurs. En Amé-
rique, nous avions le droit de regarder la nouvelle
république des États-Unis comme une alliée fidèle
et une amie dévouée. Et, au bout du compte, nos
amis, là où nous en comptions, avaient été conte-
nus, comprimés, et le monde entier avait fini par
nous être hostile. A la fin de la lutte gigantesque
que nous venions de soutenir, tous les peuples, sans
distinction, aussi bien ceux qui avaient un gouvernement oligarchique et despotique, que ceux qui
possédaient quelques institutions libérales, avaient
pour nous une aversion profonde. En 1814, le nom
français était exécré dans toute l'Allemagne, dans
la Prusse surtout, en Espagne, et partout généralement.

C'est que la guerre devient inévitablement une
source de maux, de vexations. On la fait d'abord
pour repousser une agression ou pour venir au secours de ceux qu'on dit opprimés. Les armées vic-
torieuses deviennent insolentes et oppriment à leur
tour. On veut toujours protéger, malgré eux, ceux
qu'on a protégés une fois; on les pille, on commet
chez eux des actes d'indiscipline et de brigandage, et
ils ne tardent pas à regretter la domination de leurs
prétendus tyrans et à haïr des libérateurs qui pren-
nent goût à les dépouiller, à vivre chez eux à discrétion et à s'ériger en maîtres, au nom de la liberté
générale.

L'Assemblée constituante avait décrété que la France renonçait désormais à faire des conquêtes. Le Directoire et l'Empire se moquèrent parfaitement de ce décret, et la Convention ne l'avait guère respecté davantage.

Le pouvoir nouveau ne voulait pas renouveler des fautes qui avaient si fort compromis la France. Il sentait profondément et démontrait dans les harangues officielles, à la tribune, dans les documents émanés du gouvernement, les avantages de la paix pour les progrès de la civilisation, du bien-être des peuples et de leur liberté même. Il pensait que des institutions libérales, les seules qui soient dignes d'être ainsi qualifiées, sont celles qu'un pays a le pouvoir et la sagesse de se donner sans aucun secours étranger. Il trouvait, dans le pays, des éléments puissants de résistance contre l'entraînement des esprits, et il en profitait habilement. Ainsi, la France aspirait à prendre place parmi les nations qui avaient imprimé les plus rapides progrès à leur industrie. Le gouvernement favorisa ces tendances et coopéra, par tous les moyens en son pouvoir, au développement de la prospérité matérielle du pays. Un grand esprit d'ordre, fruit de la grande division des propriétés, régnait en France. Les classes nombreuses, qui jouissaient des bienfaits de l'aisance, n'avaient pas de peine à comprendre que la guerre dévore les ressources accumulées par le travail; que, pendant la révolution, on avait fait face à des dépenses extraordinaires par la vente des biens du clergé, des émigrés, des condamnés, ce qui n'avait

pas empêché l'Empire de laisser un immense arriéré,
une dette flottante considérable, malgré les contributions levées en pays ennemis; mais que, de nos
jours, les ressources extraordinaires manquant, il
faudrait avoir recours aux expédients révolutionnaires, à des emprunts ruineux, à des réquisitions,
à des contributions écrasantes pour subvenir aux
dépenses de la guerre. Insensiblement, on comprenait ces vérités, et le pays se faisait à l'intelligence
de la situation qu'il lui convenait de prendre.

Toutefois, le pouvoir nouveau savait se faire
respecter au dehors. Un illustre diplomate, politique profond, digne de s'associer à la pensée qu'il
*devinait*, d'autant plus attaché au maintien de la
dynastie actuelle, que le gouvernement de la Restauration l'avait traité avec ingratitude, sut donner
pour appui à la Révolution de Juillet l'alliance an-
glaise. Dans toutes les questions de politique euro-
péenne, M. de Talleyrand a toujours su conserver
à la France sa dignité, un rang convenable, en
prêtant aux actes de notre diplomatie ces formes
conciliantes qui n'appartenaient qu'à lui, et qui
concouraient parfaitement, avec une direction habile et ferme, à l'utilité, à l'importance des résultats.

La paix que le gouvernement voulait était une
paix honorable; il la présentait à l'Europe les armes
à la main, et un vieux soldat de la Révolution et de
l'Empire, aussi habile organisateur que grand ca-
pitaine, mettait rapidement notre armée sur un
pied respectable. Casimir Périer avait dit : « Le sang

français n'appartient qu'à la France ! » Et cependant
le gouvernement de la France était prêt à prodiguer ce
sang pour faire respecter notre influence et pour
venir en aide à ceux dont la cause était, en quelque
sorte, la nôtre. Il fit tout ce qui était moralement
possible pour sauver la Pologne. Si l'insurrection
polonaise avait pu s'emparer d'un port sur la Bal-
tique, les armes, les munitions, l'artillerie, tous
les secours ne lui eussent pas manqué. Personne
n'ignore aujourd'hui quelles instructions secrètes
avaient été données à notre ambassadeur à Constan-
tinople, au général Guilleminot. Un corps de troupes françaises s'emparait d'Ancône ; cette occupation
garantissait à l'Italie la protection de la France.
Nous repoussions les Hollandais de Bruxelles, et
plus tard, nous prenions la citadelle d'Anvers, à
deux étapes de l'armée prussienne. La Suisse, sous
l'impulsion et sous la médiation de la France, ré-
formait ses constitutions cantonnales et olygarchi-
ques. Sans notre concours efficace, le Portugal gé-
mirait encore sous la tyrannie de l'infant don Mi-
guel. Le quadruple traité imposait aux cours du
nord par le spectacle de l'alliance des puissances
occidentales et constitutionnelles de l'Europe.

La paix était donc le but, et les moyens demandaient une infinie variété de ressources ; il fallait
donner le change aux passions intérieures, fournir
pour aliment à leur activité de nouveaux besoins à
satisfaire, calmer la fougue des esprits, apaiser ce
levain révolutionnaire qui fermentait violemment.
Il fallait, d'un autre côté, contrarier les mauvais

vouloirs des ennemis que la révolution de juillet
comptait au dehors ; leur prouver qu'on était maître de déchaîner la tempête et de tout bouleverser
chez eux ; frapper des coups hardis pour leur dé-
montrer qu'on en avait les moyens, et que, si l'on
était poussé à bout, on en aurait la volonté ; insi-
nuer à certains gouvernements que les esprits
étaient en mouvement sur presque toute la surface
du territoire européen, et que, si l'agression, cette
fois encore, venait de leur part, ils risquaient tout
au jeu terrible des révolutions.

Il n'y avait dans cette conduite, dans un tel langage, ni faiblesse ni humilité. La faiblesse, en politique surtout, n'est pas un moyen pour parvenir à
ses fins. Ceux qui ont accusé le gouvernement de
juillet d'y avoir eu recours, tout en lui reconnaissant de l'habileté, se sont mis dans une étrange
contradiction.

Plusieurs gouvernements, qui n'aimaient pas le
pouvoir récemment élevé en France, le craignaient
néanmoins et le respectaient à la fois. Ils admiraient
la modération d'un gouvernement, assis sur l'antre
d'Éole, et qui savait préserver l'Europe entière d'un
bouleversement ; leurs soupçons se dissipaient insensiblement, et la confiance leur revenait. Peuples
et gouvernements comprenaient que tant de modération attestait un grand changement dans la direction des idées en France ; notre influence s'en
augmentait, et du jour où l'on cessait de craindre,
de notre part, cette fièvre de conquêtes et d'envahissements qui formait autrefois le fond du carac-

tère national, la sympathie des nations nous était
entièrement acquise. Les gouvernements comprenaient qu'il devenait bien plus dangereux de lutter
contre ces habitudes nouvelles de l'esprit français,
contre les épanchements de notre civilisation, que
s'il avait fallu repousser les débordements des flots
révolutionnaires poussés par la guerre de propagande. La première révolution, harcelée dans sa
marche, irritée, exaspérée, n'avait plus écouté que
sa fureur. On n'avait su combattre sa violence que
par la violence. La tactique de ses adversaires la
servit jusqu'au jour où elle devint inique et spolia-
trice. Mais à la modération du nouveau trône il
fallait opposer la modération, sous peine de subir
le châtiment de ses colères imprudentes et de ses
fautes aux yeux de l'Europe éclairée, prête à embrasser le parti de la justice.

En quelques années, la politique d'ordre, de sage
résistance, de paix et de conservation, produisit
les résultats les plus brillants, les plus féconds pour
l'avenir du pays. Contre l'attente générale, le fléau
de la guerre avait été éloigné. La tranquillité avait
reparu; la situation morale et matérielle du pays
s'était singulièrement améliorée; de nouvelles maxi-
mes, devenues nécessaires à la consolidation de tout
ordre de choses, quel qu'en puisse être le principe,
s'étaient répandues et avaient germé dans les esprits; l'industrie avait fait d'immenses progrès; les
classes laborieuses acquéraient des habitudes d'économie, des instincts de modération; le bien-être
était plus général, et secondait merveilleusement

l'impulsion donnée à tout le mécanisme social. La
Providence s'était comme associée à l'œuvre sage et
glorieuse à laquelle le pouvoir nouveau avait consa-
cré, avec tant de sollicitude, ses soins, son activité, ses hautes lumières, son infatigable persévé-
rance; des récoltes magnifiques avaient constamment entretenu l'abondance dans le pays.

La France commençait à goûter les fruits de cette
situation prospère. Les esprits sages et équitables
en attribuaient principalement le mérite à la royauté.
On lui faisait honneur du rétablissement de la sécurité publique, du retour de la prospérité. C'était
même l'opinion générale, et les factions l'ont assez
prouvé quand elles ont tourné toute leur rage
contre la personne du roi. Elles espéraient, en le
tuant, avoir bon marché de nos institutions. Elles
avouaient par là que sa prudence consommée et sa
rare habileté étaient le plus ferme appui de l'ordre
constitutionnel. Aussi, c'était la personne du roi,
bien plus que l'institution monarchique, que le
pays s'était habitué à considérer comme le principe
de sécurité politique et de stabilité sociale. L'admiration, qui avait sa source dans la reconnaissance et
dans les sentiments les plus purs, ne faisait pas toujours assez la part de nos institutions dans tout ce
qui s'était accompli d'utile et de bon.

Les qualités particulières du roi ont contribué à
accroître le prestige dont il s'est vu environné. Ce
prince a les manières les plus distinguées ; il est affable, d'une exquise politesse. Sa dignité est tem-
pérée par une grâce d'un charme irrésistible. Il parle

bien, il le sait et il aime à parler. Sa conversation est facile, instructive, pleine d'élégance. Quand on est admis à l'honneur d'entendre S. M., on reste surpris et comme confondu de son érudition, de ses connaissances étendues, de la sûreté de son jugement, de la profondeur de ses vues et de ses observations, de la finesse et de la justesse de ses aperçus.

On comprend qu'avec tant de moyens de séduction attachés à sa personne, S. M. ait acquis des partisans pénétrés pour elle d'admiration et de dévouement. Et puis, l'intérieur des Tuileries offre le tableau touchant de tous les dons de la nature, de vertus rares et modestes. Parfaitement accueillis par S. M., touchés de ses prévenances, charmés de la simplicité de la reine, des qualités des jeunes princes, des grâces des jeunes princesses, beaucoup de députés n'ont vu qu'une chose en France et dans nos institutions : le roi !

Il faut toutefois se hâter de le dire : jamais la majorité n'a pu être soupçonnée d'un vote de complaisance. Toutes les fois que le gouvernement, au nom de l'intérêt public, a fait appel à son zèle, il l'a constamment trouvée prête à donner des gages de fermeté et de dévouement. Mais quand il s'est agi de projets où les intérêts personnels de la famille royale se sont trouvés mêlés, la majorité a poussé jusqu'à la plus excessive rigueur le désir de prouver son indépendance. Elle a réduit aux proportions les plus minimes, pour un trône qui a besoin d'éclat et de splendeur, le fixation de la liste civile. Il a fallu retirer devant son vœu manifeste les lois d'apanage , etc., etc.

Aux titres les plus imposants et les plus légitimes, l'ascendant de la couronne était donc considérable dans le pays et dans le parlement ; mais l'opposition déclamait avec violence contre cet ascendant. Elle commençait à *accepter les faits accomplis ;* mais elle protestait sans cesse contre la politique qui présidait à la direction des affaires extérieures; elle disait que le système de paix était un système de couardise et de lâches concessions ; les moins violents déclaraient que tout n'était pas mauvais dans ce système , mais qu'en le poussant à ses dernières limites, on abaissait la France. Ceux-ci ajoutaient qu'ils voulaient la paix, eux aussi, mais une paix qui ne fût pas achetée continuellement, et dans toute occasion , aux dépens de la dignité nationale.

Ces derniers griefs contre la direction imprimée à la politique extérieure faisaient impression sur beaucoup d'hommes du parti modéré. Jaloux de l'honneur de la France, ils surveillaient d'un œil inquiet notre politique à l'étranger. Le conseil des ministres avait à cœur de repousser des reproches qu'il ne croyait pas mérités. Une partie du conseil aurait volontiers dépassé les bornes du système patiemment suivi. Il en résultait des luttes très-vives et de fréquents symptômes de dislocation. Souvent la couronne avait à résister à des tendances qu'elle ne partageait pas. Sa raison, une appréciation judicieuse de la situation et la prescience de l'avenir, lui disaient de ne pas dévier de la ligne tracée. Instruite par l'expérience, calme, sereine, impassible, supérieure aux passions et aux préjugés du moment, elle ne voyait que le but; uniquement préoccupée du résultat, et depuis longtemps habituée à suivre, dans toutes ses sinuosités, le cours des événements, elle se défiait de cette susceptibilité ombrageuse, rétive, qui a du moins sa source dans les sentiments les plus respectables, dans ces sentiments qui assignent à une nation une place marquée dans l'estime de ses voisins en lui donnant une haute idée d'elle-même. Il arrivait quelquefois que la couronne faisait le sacrifice de son opinion personnelle. Au reste, le ministère prenait hautement la responsabilité de la politique adoptée, et le parlement la sanctionnait ; mais la royauté n'en était pas moins exposée à des attaques ardentes, et des dissidences fréquentes se manifestaient dans le conseil.

On était encore divisé bien souvent, au sein du gouvernement, sur la politique intérieure. Ces dissidences, dans la Chambre, étaient partagées par la majorité. Il y avait les partisans de la résistance modérée et les partisans d'une résistance plus prononcée. Ces derniers suivaient la bannière des doctrinaires ; les autres penchaient vers les idées du tiers-parti. Les doctrinaires et le groupe déjà nombreux du tiers-parti formaient comme les deux ailes de la vieille majorité. Le tiers-parti trouvait que le système de la résistance poussée jusqu'à l'intimidation avait fait son temps ; qu'en tenant les ressorts du gouvernement trop vigoureusement tendus, on

finirait par les briser ; qu'il fallait essayer de la con-
ciliation avec la minorité parlementaire et avec les
partis vaincus; qu'en votant les lois sur les crieurs
publics, contre les détenteurs d'armes de guerre,
contre les clubs, les lois de septembre, la Chambre
avait armé le gouvernement d'un pouvoir exor-
bitant dont il devait user avec une discrétion extrême.
La fraction du tiers-parti avait toujours été vacillante, molle, incertaine, prêtant comme à regret son
concours au gouvernement dans les moments de
danger, le harcelant sans cesse quand la situation
devenait meilleure. Les doctrinaires répondaient
qu'il fallait d'abord comprimer les factions, leur
ôter toute espérance en leur montrant la main du
pouvoir toujours prête à les frapper ; que jamais les
partis hostiles au principe d'un gouvernement ne
désarment entièrement; que la faiblesse devient de
l'imprévoyance et ramène les dangers qu'on croyait
passés; qu'on pouvait bien accepter l'adhésion individuelle des hommes du compte-rendu, leur retour
dans le giron gouvernemental, la soumission des
partis vaincus, mais qu'il n'était ni digne, ni sûr, ni
honnête de transiger avec les uns et avec les autres.

Les doctrinaires et le tiers-parti se détestaient
cordialement. Les doctrinaires affectaient pour leurs
antagonistes un profond dédain. Ils les qualifiaient
d'eunuques, d'esprits sans portée, d'hommes sans
dignité. Il faut dire que le tiers-parti prêtait beaucoup au mépris des doctrinaires ; il avait eu le pouvoir pendant trois jours, et en le résignant il se
couvrait de ridicule et constatait son impuissance

aux yeux de tous. Au malheur d'être tombé dans un
profond discrédit politique il joignait celui d'être
atteint de déconsidération dans quelques-uns de
ses adhérents. A côté d'éléments purs du parti, on
en voyait d'autres qui l'étaient fort peu. Au tiers-
parti, à ce tiers-parti qui affichait tant de rigidité
dans ses journaux, se rattachait une cohue d'intrigants de toutes sortes, de traficants de papier,
d'agioteurs, de spéculateurs éhontés, de faiseurs
d'affaires d'une moralité fort suspecte, de marchands rapaces, d'entremetteurs de coulisses de
théâtre, sans pudeur et sans foi, de parvenus inso-
lents, étalant un luxe de mauvais goût et désor-
donné comme eux, etc., etc. Ces gens-là ont toujours fait tort aux hommes probes du parti.

Malgré ce désavantage, le tiers-parti n'était pas
en reste d'expressions blessantes envers les doctrinaires; il les taxait d'insolence, de morgue, de rai-
deur, de pédantisme. Mais les doctrinaires étaient
*tous* des hommes d'une haute moralité, d'une grande
dignité de mœurs et d'une probité privée irrépro-
chable. On pouvait ne pas les aimer, on pouvait
même les haïr, mais non s'empêcher de les estimer.
Les allures un peu hautaines et les manières rigides
qu'on reprochait à quelques-uns, blessaient peu,
parce qu'on n'ignorait pas qu'elles tenaient à des
habitudes dogmatiques et à une éducation austère,
et parce qu'ils savaient, d'ailleurs, les allier à un
grand respect des convenances et à la politesse du
langage. Mais, ce qu'on n'aimait pas en eux, c'était,
chez quelques-uns surtout, l'esprit de coterie et

d'exclusion, de violence et d'intolérance. Ils n'admettaient même pas la majorité à participer à leurs conciliabules, se regardant comme un état-major sans lequel cette majorité ne pouvait être rien, puisqu'elle n'aurait pas de chefs; du reste, hommes généralement d'une grande valeur parlementaire, instruits, appliqués, connaissant les matières de gouvernement. Mais, ce qui achevait de leur susciter des ennemis irréconciliables, c'était l'esprit habituel d'ironie, la verve sarcastique de quelques hommes du parti. C'était, de leur part, un feu roulant d'épigrammes contre quiconque leur déplaisait personnellement, et le nombre des victimes était fort grand. Ils ne s'interdisaient jamais un bon mot, si vif qu'il pût être, et n'avaient pas pour tous leurs collègues ces égards auxquels des hommes d'esprit doivent toujours s'astreindre.

Le tiers-parti était peu estimé, les doctrinaires étaient peu aimés. Beaucoup, dans la majorité, les subissaient encore comme une nécessité, mais n'attendaient qu'une occasion ou un prétexte plausible pour les renverser. Chose singulière! ce fut à l'occasion d'une question financière que les dissidences se manifestèrent. Mais la conversion de la rente ne fut que le prétexte. On était cependant si habitué au gouvernement des doctrinaires, on avait tant de déférence pour leurs éminentes qualités, qu'il était encore possible de s'entendre. Mais leur inflexible hauteur gâta tout et rendit toute réconciliation impossible; ils mirent la majorité au défi. Ceux qui ont dit que M. Humann a été la cause réelle de la retraite du cabinet du 11 octobre, se sont trompés; un peu plus tôt, un peu plus tard, la scission devait éclater. On sait qu'il avait, à l'insu de ses collègues, pris l'initiative d'une proposition indirecte sur la conversion. Une dislocation ministérielle devenait inévitable. Pour la prévenir, des hommes conciliants et dévoués au pays, proposèrent un terme moyen : M. Humann devait prononcer un discours, dans lequel, en persistant à soutenir le principe de la conversion, il demanderait l'ajournement, attendu l'inopportunité de la mesure. Cet ajournement lui aurait été facilement accordé, car M. Thiers l'obtint quelques semaines après, au nom du cabinet du 22 février. Mais les jeunes doctrinaires n'admirent aucun tempérament, aucun moyen de transaction. Ils exigèrent de M. Humann un désaveu formel, et comme une amende honorable faite pour l'humilier. M. Humann s'y refusa, et remit son portefeuille. Lors de la discussion, il soutint la prise en considération, qui fut adoptée à la majorité absolue. Le soir de ce vote, le ministère avait déposé sa démission entre les mains de la Couronne.

Cette leçon n'avait pas dessillé les yeux des doctrinaires; aveuglés par leur importance réelle et voyant combien la situation présentait encore de sujets d'alarmes, ils se croyaient indispensables. Ils voulurent tenir, en quelque sorte, la Chambre en échec, et réduire la majorité à la nécessité de les accepter de nouveau. En conséquence, les ministres démissionnaires les plus influents prirent l'engagement de faire cause commune et de ne pas entrer séparément dans une combinaison dont tous ensemble ne feraient point partie. Cet engagement indiquait de leur part une grande présomption, qui n'était que trop justifiée par l'impuissance de les remplacer. Le cas devenait embarrassant, et les contractants l'avaient parfaitement senti. Ils signifiaient de fait à la couronne et au parlement qu'ils prétendaient s'imposer, sans ménagement, puisqu'il était impossible de composer une administration sans les uns ou sans les autres.

Il convient de faire remarquer qu'il y avait dans cette manière de procéder matière à blâme, surtout si l'on considère que la monarchie sortait des plus terribles crises et qu'il lui restait encore bien des difficultés à surmonter. On exposait la royauté à entrer en lutte avec la Chambre, si elle reprenait un ministère auquel la majorité venait de faire essuyer un échec, ou à courir de grands périls, si elle confiait le pouvoir responsable à des mains inexpérimentées. Les ministres du 11 octobre avaient la conscience de leur valeur et l'orgueil peu traitable qu'inspirent les services rendus. En les acceptant encore, la majorité sacrifiait sa plus précieuse prérogative; elle se soumettait à un joug qu'elle aurait repoussé de la part de la couronne. La couronne elle-même était mise à leur merci. On aurait vu un fait inouï dans les annales de la monarchie constitutionnelle : un cabinet opprimant à la fois le trône et le parlement. Sous leur administration forte et glorieuse, les ministres du 11 octobre avaient souvent fait accepter leur opinion par la royauté. Le tiers-parti, qui devait plus tard s'insurger contre elle au nom de la prérogative parlementaire, les avait accusés d'abuser de leur position, et c'était à tort. Ils avaient la majorité, ils voulaient n'être responsables que des mesures qu'ils approuvaient, et ils étaient dans leur droit. Ceux qui les ont taxés d'avoir eu trop de condescendance, les ont étrangement décriés. Ils s'inclinaient devant la haute raison d'une auguste sagesse, ils invoquaient ses lumières, mais ils jouissaient de tout leur libre arbitre. Souvent même, avec les formes les plus respectueuses, ils mettaient, à soutenir leurs vues et leurs idées, une opiniâtreté qui témoignait d'une complète indépendance.

Les doctrinaires avaient pris pour devise : *Tout ou rien!* Cet orgueil, fort respectable sans doute, leur coûta cher. M. Thiers céda à des sollicitations d'un ordre élevé ; il brisa les liens téméraires qu'il avait formés, et déserta l'alliance. Le redoutable triumvirat fut dissous, et M. Thiers, après trois semaines d'interrègne ministériel, devint président du cabinet du 22 février.

En s'éloignant des doctrinaires, M. Thiers prétendait rompre sans retonr ; toute sa conduite l'a prouvé depuis. Ils crièrent à la déloyauté. Pensait-il qu'ils lui pardonneraient difficilement d'avoir manqué à la foi donnée ? Ou bien croyait-il pouvoir se passer d'eux, s'entourer de collègues qui reconnaîtraient son ascendant, qui s'inclineraient devant l'influence de ses talents et de sa popularité parlementaire, et accaparer ainsi cette autorité politique et morale qu'il avait fallu partager jusqu'alors, et qui n'appartiendrait désormais qu'à lui seul? Toutes ces suppositions sont également admissibles.

Mais on ne connaissait pas encore la volonté impérieuse de M. Thiers. Il avait grandi en quelque sorte sous l'aile de la Chambre et d'une auguste protection; le laisser-aller de ses manières méridionales, la facilité de ses rapports avec les membres de la Chambre, ses paroles toujours bienveillantes pour la majorité, l'avaient fait aimer. On lui reconnaissait, d'ailleurs, une intelligence remarquable; on admirait la souplesse infinie de son talent de tribune, sa capacité politique, son aptitude pour les affaires les plus difficiles. On lui croyait beaucoup plus de mérite que de prétentions, et on ne soupçonnait guère que, sous une enveloppe légère, sous des dehors pétulants; il cachait un profond mépris pour les autres, un orgueil qui se nourrissait d'un véritable dédain pour le mérite d'autrui, une ambition qui lui inspirait de l'aversion pour ses égaux en droits et pour ses rivaux en mérite.

On a dit depuis, car on découvre toujours beaucoup de choses après les événements, que la pensée secrète de la royauté était d'avoir sans cesse un ministère de rechange, d'opposer alternativement M. Guizot à M. Thiers, M. Thiers à M. Guizot, afin de les contenir l'un par l'autre, et de dominer la situation. Mais la Couronne n'avait pas songé à accepter la démission du ministère du 11 octobre; bien plus, elle avait vu sa retraite avec regret, et apparemment elle n'avait pas conseillé aux doctrinaires de se montrer si susceptibles à la fois et si inflexibles. Si M. Thiers avait imité leur rigueur, l'union des anciens ministres aurait même mis la Couronne dans le plus grand embarras. Si donc la Chambre se trouva divisée en deux parties dont les forces se balançaient par suite des évolutions du tiers-parti, et si des hommes qui avaient rendu ensemble les plus grands services se séparèrent et devinrent hostiles les uns aux autres, la Couronne était, dès l'origine, complètement étrangère aux dissidences et aux querelles qui agitèrent la majorité et ses anciens chefs. Et si, plus tard, ces divisions ont donné à la Couronne une grande prépondérance, la faute en est à ceux qui n'ont pas craint de l'accuser d'avoir produit les malentendus et l'état de choses déplorable dont seuls ils étaient les auteurs.

Ceci est essentiel à noter, car il faut qu'à chacun revienne sa juste part de torts.

Le cabinet du 22 février ne fit que s'essayer au pouvoir. Avec ce cabinet, le système de relâchement et de concessions aurait prévalu. M. Guizot l'avertit qu'il était sur une *pente fatale*, et qu'*on tombe toujours du côté où l'on penche*. M. Thiers, président d'un ministère de tiers-parti, où M. de Montalivet seul rassurait le parti conservateur, se rendit caution pour ses collègues. Il répondit avec esprit, se tirant d'embarras par son adresse, parla pour huit, et traversa la session sans malencontre.

Les doctrinaires se conduisirent avec habileté et

prudence. Ils appuyèrent le ministère de leurs votes, tout en laissant voir la défiance qu'il leur inspirait. Il se mêlait à cette défiance beaucoup d'animosité contre M. Thiers ; aussi, le cabinet était dans la situation la plus équivoque, cherchant une majorité qui fût à lui, et ne vivant, en réalité, que de l'appui faible et conditionnel du centre, des doctrinaires, et de l'irritation de la gauche contre ces derniers. Mais une telle situation ne pouvait durer, et il n'aurait pas traversé une seconde session.

Cependant M. Thiers était dans une illusion complète. Il se croyait fort de la confiance, de l'affection ou de la neutralité de toute la Chambre, en exceptant toutefois de cette bienveillance universelle la fraction doctrinaire qu'il traitait très - lestement dans des propos colportés partout. Il pensait être sérieusement le maître de la Chambre, et, par elle, du pays et des autres pouvoirs de l'État. La tête avait tourné à ce petit homme. Il tranchait de l'omnipotent, et agissait envers les autres, quels qu'ils fussent, avec la fatuité cavalière, le sans-façon d'un garçon mal élevé. Ces manières insoutenables devaient fort surprendre ceux qui l'avaient vu naguère, courtisan provençal, débitant des flatteries étudiées qu'il assaisonnait de tout le sel de son esprit. Il traitait ses collègues comme ses subordonnés, ne leur soumettant aucun acte de sa politique au dehors, et dérobant même à la royauté les mesures qu'il lui convenait de prendre. M. Sauzet, homme doux et conciliant, supportait impatiemment les boutades insolentes de M. Thiers, et M. Passy, dont l'humeur sèche et orgueilleuse ne peut pas supporter un supérieur, était extrêmement irrité.

On sait les causes de la chute du 22 février. M. Thiers voulait intervenir en Espagne. Par ses ordres, un corps de troupes considérable, réuni sur la frontière, allait traverser les Pyrénées. Il avait agi sans consulter personne, montrant moins de déférence qu'un Richelieu; mais il n'avait pas affaire à un Louis XIII. M. Thiers voulait cette intervention au moment où le parti des exaltés consommait l'attentat connu sous le nom de révolution de la Granja. La Couronne s'y opposa. Le ministère donna sa démission. M. Thiers alla placer sa tente au centre du tiers-parti. Il avait rompu avec M. Guizot, il se séparait de la royauté en ennemi, se promettant bien de ne rentrer au pouvoir qu'en y pénétrant de vive force. Il ne désespérait pas de faire accepter sa politique, avec toutes les chances de l'intervention, par la majorité. L'événement lui prouva qu'il se trompait.

Avec le 6 septembre, le système de résistance rentra dans le gouvernement. L'échauffourée de Strasbourg fournit l'occasion de l'appliquer dans toute sa rigueur, et de lui donner une extension démesurée. Les lois de dénonciation et de déportation furent présentées. Le tiers-parti, uni à toutes les oppositions, fit rejeter la loi de disjonction à la majorité absolue. Le ministère se disloqua.

L'ancienne majorité était définitivement brisée. Avant de se retirer, M. Guizot tenta de la reconstituer, il échoua. M. Thiers refusa d'entrer dans une

combinaison des deux centres; impérieux, vindi-
catif, absolu, ce n'était plus un pouvoir partagé
qu'il lui fallait, et il attendit. M. Guizot ne voulut
pas lutter contre des impossibilités; il résigna loyalement le pouvoir.

Le temps avançait, la crise ministérielle se prolongeait; depuis un an elle se reproduisait pour la
troisième fois. Il fallait une administration. M. le
comte Molé fut plus heureux que M. Guizot dans
une tentative de reconstruction. Avec les débris du
cabinet vaincu, il forma un ministère; le cabinet
du 15 avril prit naissance.

La combinaison présidée par M. Molé était la
seule possible. La majorité échappait de quelques
voix à M. Guizot. D'un autre côté, la Chambre repoussait le système aventureux de M. Thiers et l'intervention, et il voulait revenir en maître et dicter
des conditions. En attendant la fin de la session, il
était nécessaire de pourvoir aux besoins du gouvernement.

Le nouveau ministère était dans la situation la
plus favorable pour parer aux nécessités du moment, vu l'état des esprits et des partis dans la
Chambre. Il rassurait les hommes d'ordre et de
conservation, il ne portait ombrage à aucune ambition; le tiers-parti le préférait à M. Guizot et aux
siens, et, en conséquence, lui prêtait appui; et
aucun de ses membres ne s'était attiré de ces haines
personnelles qui jouent, dans les combinaisons politiques et parlementaires, un plus grand rôle qu'on
ne pense généralement.

Jamais, toutefois, administration ne fut saluée de plus de quolibets que celle du 15 avril : M. Thiers l'appelait un *en cas*, un *petit ministère*. Les doctrinaires ne lui épargnaient pas les sarcasmes. Ils se disposaient toutefois, les uns et les autres, à la soutenir provisoirement. « Si M. Guizot, disait M. Thiers, attaque M. Molé, je suis là, l'arme au bras ! » M. Guizot tenait le même langage, dans le cas où M. Thiers voudrait provoquer M. de Montalivet. Il y avait un accord tacite entre les doctrinaires et le tiers-parti pour faire trêve au ministère, jusqu'au jour où les uns ou les autres pourraient reprendre le pouvoir avec le concours d'une majorité. En attendant, ils faisaient aux ministres l'injure bien gratuite de les considérer comme des chapeaux bons à garder la place vacante sur les banquettes ministérielles.

Certainement les nouveaux ministres n'étaient pas dépourvus de valeur. M. Lacave-Laplagne, au département des finances, avait un mérite parfaitement approprié à sa spécialité. Ce département a rarement eu un administrateur aussi éclairé, aussi capable que lui. M. de Salvandy apportait dans le cabinet une grande dignité morale, un talent qui, pour avoir été injustement contesté, n'en est pas moins véritable, et qui le mettait fort au-dessus de la plupart de ses collègues. Il arrivait au pouvoir avec des intentions excellentes, et tous les actes de son administration l'ont prouvé. Il a pu se tromper, car tout homme qui, au pouvoir, veut faire le bien, court le risque de commettre des erreurs. D'autres, pour plus de sûreté, ne font rien du tout : c'est beaucoup plus commode.

On est révolté en songeant aux calomnies et à l'ingratitude qui ont poursuivi un homme de cœur, plein de loyauté, qui a tout fait pour protéger les lettres qu'il a lui-même cultivées avec succès. Si quelque chose doit exciter davantage l'indignation, c'est de penser que des subordonnés de M. de Salvandy, dans la hiérarchie universitaire, allaient partout déverser contre lui le fiel de leur malice, répandre des épigrammes, quêter des articles méchants contre leur chef, et alimenter de chroniques injurieuses et mensongères la polémique des journaux. Quoi qu'aient pu dire ses ennemis, M. de Salvandy est sorti du ministère comme il y était entré, avec l'estime de tous les gens de bien, et avec la réputation d'un honnête homme aux sentiments les plus généreux, et d'un homme très capable.

Cet éloge bien désintéressé, et dicté par l'amour de la vérité, obtiendra l'approbation de tout esprit impartial.

Plus tard on a dit que le cabinet du 15 avril, dans l'ensemble de sa composition, n'offrait pas des garanties d'indépendance à l'égard de la Couronne. A sa formation, personne ne songea à lui adresser ce reproche. Toutefois, au milieu du fractionnement des partis, la royauté, dont la constitution a voulu faire un arbitre modérateur, devenait un arbitre suprême, et naturellement les ministres cherchaient un appui là où ils trouvaient la force, la volonté et l'esprit d'unité, puisque tout cela manquait dans le parlement. Si la Chambre perdait de son influence, à qui la faute ? Qui avait constitué les partis en état d'hostilité les uns contre les autres, brisé la majorité, rendu impossible tout autre ministère que celui qui venait de se former ?

A la Chambre, il y eut des joûtes de tribune. Dans ce tournoi parlementaire, MM. Odilon Barrot, Guizot, Thiers, prirent successivement la parole. Ils ne firent que constater la division des esprits en exposant trois programmes, et donnèrent à entendre que, n'ayant pas la majorité, et aucun d'eux ne pouvant s'accorder avec les deux autres, ils voulaient se réserver.

Tandis qu'ils comptaient sur l'avenir, M. le comte Molé songea à tirer parti de la situation. Homme d'infiniment d'esprit et d'un tact merveilleux, il comprit tout ce qu'elle lui offrait d'avantageux, en lui permettant de profiter des fautes des partis et des divisions de leurs chefs. La session finie, comme le parti gouvernemental ne formait pas une majorité suffisante, comme d'ailleurs la Chambre, tiraillée en tous sens, épuisée par une carrière laborieuse, impuissante désormais à faire le bien, n'avait plus qu'un souffle de vie, M. Molé s'occupa d'une dissolution. M. de Montalivet prépara tranquillement et sans bruit les élections générales. M. Molé espérait obtenir une majorité qui fût sienne : s'il n'obtenait pas l'appoint qu'il lui fallait, il comptait se fortifier des hommes les plus modérés du tiers-parti. Mais, tout en affectant de rester neutre, il travailla sous main à évincer quelques doctrinaires. Ce n'est pas

que leurs principes de gouvernement lui répugnas-
sent, tant s'en fallait, mais ses répulsions à leur
égard tenaient à des griefs personnels.

Sous le ministère du 6 septembre, M. Guizot, à
très-peu d'exceptions fort honorables, avait généralement été fort mal entouré. Comme il était
l'homme le plus influent du cabinet, son parti nécessairement voulut se prévaloir de cette influence :
il s'en servit pour élever les prétentions les plus in-
tolérables, les plus ridicules, et pour pousser ses
envahissements jusqu'aux limites les moins raison-
nables. Les meneurs du parti gardèrent d'abord
quelques ménagements : il fallait sonder le terrain,
et s'assurer des dispositions de la majorité. Quand
le ministère l'eut obtenue, dans la discussion de
l'adresse, moins en sa faveur, peut-être, que contre
M. Thiers, ils devinrent d'une impertinence insupportable. A leur exemple, de petits messieurs, très-
suffisants, très-fats, très-outrecuidants, qui avaient
envahi, sous leur patronage, l'administration et la
presse gouvernementale, affichaient une morgue
choquante. Ils faisaient de la doctrine en manchettes
et en jabot, persifflaient sottement tout le monde,
ne reconnaissant d'autre suprématie que celle de
Dieu, du Roi et de M. Guizot. On comprend combien ces étourdis faisaient de tort à l'honorable chef
du parti doctrinaire, homme grave, qui eût ré-
primé leurs écarts, s'il les avait connus. Veut-on
avoir une idée de leur extravagance? Ils ne trouvaient pas que M. Molé fût d'assez bonne maison,
et ils l'appelaient un *gentilhomme de robe*. Il leur

aurait fallu, à ces pauvres garçons roturiers, bien
roturiers ma foi, des Montmorency, des La Tré-
mouille, des sire de Coucy. Quand M. Molé envoyait au journal ministériel du soir quelque inser-
tion officielle, ils avaient coutume de traiter très-
cavalièrement les porteurs de ses messages, comme
si M. Molé n'avait pas été président du conseil. Les
jeunes doctrinaires de la Chambre, tourmentés de
la manie d'envahir et de dominer par leurs chefs,
auraient voulu se défaire de M. Molé. Il ne l'ignorait
pas, et il avait mal secondé une administration où
lui-même n'avait qu'une position précaire. Franchement, qui aurait pu l'en blâmer? aussi, quand
le ministère du 6 septembre éprouva des embarras,
M. Molé refusa de concéder à M. Guizot le portefeuille de l'intérieur. Cette combinaison eût peut-
être sauvé le cabinet. Mais M. Molé montrait pour
M. Guizot cet éloignement dont M. Thiers avait
donné des preuves, parce qu'on n'avait pas eu pour
lui des égards qui étaient dus à son importance, à
son nom, à son mérite personnel. C'est la faute des
meneurs turbulents du parti doctrinaire si ces deux
hommes de tant de valeur n'ont pu s'accorder et
servir ensemble le pays et le trône.

La dissolution fut prononcée. M. Molé eut la sa-
tisfaction de faire échouer la candidature de quelques doctrinaires. Cet échec leur fut d'autant plus
sensible que leur groupe étant fort petit, la moindre
perte les affaiblissait beaucoup.

Après les élections générales, les forces respectives furent à peu près les mêmes, et la situation

des partis ne fut presque pas changée. Mais on n'entendit pas sans étonnement le tiers-parti, qui formait l'aile gauche du centre, s'écrier que le pays entier partageait ses principes, prétention qu'il exprimait modestement par ces mots : « La France « est centre-gauche ! » Et le tiers-parti ne composait pas plus d'un cinquième de la Chambre élective !

Le tiers-parti et les doctrinaires étaient toujours divisés. M. Thiers voulut tâter la nouvelle Chambre ; il aborda, avec une grande habileté et un talent oratoire remarquable, la question de l'intervention. Il fut combattu par M. Guizot, et succomba devant l'opinion d'une forte majorité. Mais cette majorité, qui repoussait le système compromettant de M. Thiers, et qui n'aurait pas prêté un appui suffisant à un cabinet doctrinaire, n'accordait au ministère qu'un concours précaire, imparfait, qui ressemblait beaucoup plus à de la tolérance qu'à une adhésion sincère. Dans le cours de cette session, le ministère subit même des échecs et les plus grandes humiliations. Dans la discussion des fonds secrets, M. Jaubert l'accabla de sarcasmes et lui porta des coups qui lui firent de profondes blessures. La Chambre adopta, malgré lui, une proposition sur la conversion, elle repoussa le projet de loi du gouvernement sur les chemins de fer, et bouleversa, contrairement à l'opinion et aux efforts du cabinet, toute l'économie du projet de loi sur l'état-major de l'armée. Ces défaites déconsidéraient le ministère, et en restant au pouvoir, il avilissait le système représentatif. Il se traîna péniblement jusqu'à la fin de la session, ayant perdu toute force morale, toute autorité, et ne pouvant plus décemment aborder la session suivante.

M. Molé sentait tout ce que sa position avait de faux. La majorité tenait à le conserver, lui, personnellement, mais elle exigeait qu'il fît un remaniement dans le cabinet, et qu'il s'adjoignît de nouveaux collègues, pris parmi les influences parlementaires. M. Molé avait su gagner son affection. Affable, prévenant, d'une grande courtoisie de manières, il savait mettre dans ses relations avec les membres de la Chambre cette urbanité, cette grâce, qui s'allient fort bien avec la dignité. Héritier d'un des plus beaux noms de cette magistrature française qui a laissé de si nobles pages dans les annales de l'antique monarchie, homme du grand monde, il a su se faire, sans cesser d'être grand seigneur de la tête aux pieds, à ces mœurs, à ces habitudes parlementaires, qui n'ont rien de commun avec les mœurs élégantes du siècle dernier. On lui disait toujours : « Monsieur Molé, il vous faut une modification. » Il le sentait très-bien, c'était même pour lui une nécessité. Homme de salon, il parle avec esprit et concision, mais il n'a pas l'art des développements et ce métier de parole qu'on acquiert au barreau, et qui devient vulgaire depuis l'établissement du gouvernement représentatif ; ses discours gagnent à être lus. La confusion des discussions, les interruptions, les cris, les trépignements l'étourdissent quelquefois, et il parle beaucoup mieux, avec plus d'assurance et d'à-propos, à la Chambre des pairs qu'à celle des députés. D'ailleurs, il a été longtemps homme de cabinet avant d'être homme de tribune, et il s'est formé à cette école de l'empire où l'on agissait beaucoup et où l'on parlait fort peu. Il voulait s'adjoindre de nouveaux collègues, doués de ce talent de parole et de discussion, approprié aux habitudes et aux goûts oratoires de la Chambre élective. Mais la difficulté était de trouver ces collègues.

Le plus vif désir de M. Molé était de faire alliance avec M. Thiers, et de lui faire accepter un portefeuille. Il aimait cette réunion de qualités brillantes et de facultés élevées qui font de M. Thiers, quand il est au gouvernement, un orateur plein de ressources et un homme d'État distingué, et qui rendent son opposition redoutable. Pour rendre au pouvoir les services de M. Thiers, le parti du gouvernement se serait rapproché de lui, et il ne dépendait que de M. Thiers de prendre le portefeuille de l'intérieur. Mais il repoussa toutes les propositions d'arrangement, ne voulant d'autre département que celui des affaires étrangères, où il ne pouvait rentrer cependant, puisque la majorité s'était prononcée contre sa politique extérieure. D'ailleurs il se souciait peu, au fond, d'avoir pour collègue un homme de la valeur de M. Molé. Tout mérite l'offusque, c'est un de ses plus grands travers, et toutes les fois qu'il consentira à accepter un homme pour collègue, il lui donnera la mesure du cas qu'il fait de sa capacité. Il n'y a pas d'homme politique à qui l'on ait jamais fait autant d'avances qu'à

M. Thiers ; il les a toutes repoussées, et s'est constamment montré intraitable. Le chef refusant, les hommes d'une influence moindre dans le tiers-parti refusaient aussi.

Dans sa détresse, M. Molé s'adressait aux doctrinaires. Il leur offrait plusieurs portefeuilles, mais il conservait pour lui, bien entendu, celui des affaires étrangères, et il ne pouvait mettre à leur disposition celui de l'intérieur. Ils repoussaient ses offres par fierté, comme ne leur faisant pas une part suffisante, et leur susceptibilité était fondée. M. Molé en éprouvait une vive inquiétude ; ils l'avaient attaqué pendant la session, et le jour où ils voteraient contre lui, il n'avait plus une majorité assurée. S'il avait pu les faire entrer à l'intérieur, il obtenait un double avantage ; il se donnait des collègues d'une grande importance, et le cabinet qu'il présidait n'était plus exposé à la défaveur qui s'attachait à MM. Barthe et de Montalivet. M. Barthe n'était pas aimé à la Chambre ; son insouciance pour les affaires, sa paresse, sa négligence, et des souvenirs de charbonnerie éloignaient de lui beaucoup de députés. Quant à M. de Montalivet, on lui reprochait également son éloignement marqué pour le travail, pour l'expédition des affaires. Les dossiers administratifs encombraient son cabinet, et attendaient sa signature des trimestres entiers, et quelquefois plus longtemps. Son entourage, au ministère, était détestable, et lui attirait des ennemis qui n'avaient pas à se plaindre de lui personnellement. Parmi les personnes qui possédaient sa confiance, un seul n'en abusait pas d'une manière fâcheuse pour le ministre, c'était M. Lesourd. Il y avait là, entre autres, un M. Petit-Jean, garçon du plus mince mérite, dont les manières sèches et pédantes, l'air guindé, la froideur repoussante, ont soulevé contre M. de Montalivet une foule d'inimitiés. On n'a jamais peut-être dit ces choses à M. de Montalivet; il est bon qu'il les sache, ne fût-ce que par cet écrit.

Il avait encore un grand défaut qui lui nuisait beaucoup dans l'esprit des députés. On a dit que l'exactitude est la politesse des rois. Elle est un devoir pour les ministres, surtout à l'égard des représentants du pays. M. de Montalivet donnait quelquefois rendez-vous à toute la députation d'un département, et il arrivait que cette députation n'était pas admise, sous prétexte qu'il était indisposé; or, on savait tout le contraire. On trouvait aussi qu'il dépouillait ces manières rondes qui l'avaient fait bien venir en d'autres temps, et qu'il affectait les allures et le langage choquant de l'homme en faveur gâté par le pouvoir. Il était donc devenu impopulaire à la Chambre, et à la fin de la session, on ne l'écoutait qu'avec peine. Il parlait au milieu du bruit, de l'inattention générale, ce qui arrive rarement aux ministres.

Mais M. de Montalivet professait, comme il a toujours professé, le plus grand dévouement pour la personne du roi. Il répugnait à la Couronne de faire le sacrifice d'un serviteur fidèle. M. Molé connaissait les obstacles; il n'osait ou ne pouvait les surmonter. S'il avait trouvé un appui décidé près du tiers-parti ou des doctrinaires, il aurait pu faire ses conditions; mais il s'épuisait en vains efforts contre des difficultés de toute nature. Et même, à mesure que le discrédit de M. de Montalivet augmentait dans le parlement, son influence grandissait ailleurs. C'était là le tort; c'était aussi une faute grave.

La presse cependant attaquait le cabinet du 15 avril avec une vivacité inaccoutumée. Battu en brèche de tous côtés, M. Molé éprouvait les plus grands embarras. La rancune des doctrinaires vint à son secours. M. Duvergier de Hauranne, qui avait préludé au grand coup qu'il méditait par deux articles développés sur la théorie du gouvernement représentatif, dont il trouvait que l'application était faussée, publiait sa fameuse brochure afin de provoquer une coalition parlementaire contre le ministère. Déjà, pendant la session, les partis rivaux s'étaient dit à demi-mot qu'ils jouaient le rôle de dupes; les mots de *rapprochement*, de *coalition* même avaient été prononcés; on croyait que le temps avait dissipé des préventions, calmé des haines, et qu'on pouvait s'entendre en se rendant plus de justice. Les choses en étaient restées là. En publiant son écrit, M. Duvergier de Hauranne se proposait d'opérer un rapprochement entre M. Thiers et ses amis, afin que les doctrinaires et le tiers-parti pussent s'imposer aux centres, après avoir renversé le ministère.

M. Duvergier de Hauranne est un homme d'un esprit hardi, d'un caractère résolu. Il tire toujours la conséquence d'un principe posé, et quand les

déductions d'un point qu'il a une fois établi le mè-
neraient aux conclusions les plus effrayantes, il n'en
conclurait pas moins. Ardent, passionné, il est vio-
lent dans ses haines. C'est à la fois un terrible logi-
cien et un terrible ennemi ; car de grandes qualités en
font un homme dangereux quand il se prend à haïr.
Il est actif, le repos est insupportable à sa nature.
Instruit, nourri d'études fortes et sérieuses, les questions importantes lui sont familières ; il les traite
avec verve et chaleur, mais avec maturité, et comme
un homme qui est maître de son sujet. Son rapport sur la création d'un budget extraordinaire des
travaux publics, est un travail remarquable de tout
point, et qui accuse un esprit d'un ordre élevé.
M. Duvergier de Hauranne est un habile tacticien,
et celui qui connaît le mieux la stratégie parlementaire. Publiciste distingué, il ne dédaigne pas de se
mêler à la polémique du journalisme, et quand il se
met à faire le coup de feu, c'est un tirailleur exercé
qui frappe toujours où il veut atteindre. Il lui faut
toujours quelqu'un à combattre, et la lutte est le
besoin dominant de son âme. Il a successivement
tiré à boulet rouge sur tous les partis, et il a fini
par s'attaquer à la royauté. S'il arrivait jamais qu'il
n'eût plus d'adversaires, qu'il n'y eût plus d'ennemis à coucher en joue, M. Duvergier de Hauranne
dépérirait de langueur et d'ennui ; il serait bientôt
consumé par cette activité irascible qui le tour-
mente.

En proposant une coalition, M. Duvergier arriva
à son but par des détours d'un art infini. Jamais il

n'eût osé aborder sans préliminaire une semblable proposition, tant il sentait qu'elle devait paraître révoltante. Entr'autres arguments pour la justifier, il rappela la fameuse coalition de Charles Fox et de lord North contre l'administration de lord Shelburne. Mais M. Duvergier a trop d'esprit pour s'être jamais payé sérieusement des raisons qu'il donnait à des gens qui ne demandaient qu'un prétexte. Il savait fort bien que le *ministère de coalition* fut hautement désapprouvé en Angleterre. Fox avait attaqué, avec une violence inouie, l'administration de lord North. A son tour, lord North fit une opposition très-vive à l'administration du marquis de Rockingham, où Fox occupait le poste de secrétaire-d'état des affaires étrangères, et l'on ne vit pas sans étonnement et sans indignation qu'ils se rapprochassent par ambition. On remarqua, à leur honte, qu'après avoir blâmé amèrement les préliminaires des traités de paix avec les puissances que l'Angleterre avait à combattre, ils n'y changèrent rien. La voix générale était contre eux, et quand George III demanda à ses ministres leur démission, leur retraite n'excita aucun regret. Voilà ce que M. Duvergier avait à dire du *ministère de coalition* en Angleterre.

Ce qu'on aurait pu dire surtout à M. Duvergier, c'est qu'on ne saurait établir de rapport de situation entre l'Angleterre de 1783 et la France de 1838. Sous le règne de George III, il n'y avait dans le Parlement de la Grande-Bretagne que deux partis, celui des wighs et celui des tories. On ne songeait pas aux radicaux tels que nous les connaissons aujourd'hui. Les partis rivaux se disputaient le pouvoir, mais ils respectaient tous également la constitution de leur pays. Personne ne contestait les droits de la maison de Hanovre au trône britannique; à cet égard, Fox, Shéridan, Windam, pensaient comme Edmond Burke, Pitt et Grenville. En était-il de même chez nous, et M. Duvergier, qui avait si énergiquement écrit et parlé contre les partis, pouvait-il ignorer leurs projets et leur haine contre le gouvernement? Avait-il oublié la lutte de la veille, el les dangers qu'avait courus la royauté? Ne savait-il pas surtout que ces partis n'attendaient que l'occasion de mettre à profit les divisions de la majorité constitutionnelle?

Et comme pour donner raison à ceux qui disaient que la coalition était une alliance *monstrueuse*, elle se formait dans un moment où le gouvernement réclamait le concours de tous les amis de son principe, de tous ceux qui voulaient la dignité du pays. La complication des plus graves intérêts préparait en Orient une guerre qui pouvait devenir générale; le pavillon français demandait, dans le golfe du Mexique et dans les eaux de la Plata, réparation des insultes faites à l'honneur national, et des torts causés aux intérêts de notre commerce; la question hollando-belge tenait tous les esprits en suspens; les prétentions d'un jeune homme et l'appui qu'il revait de quelques démagogues, forçaient la France à des démonstrations d'où pouvait résulter une guerre très sérieuse entre la France et la Suisse.

Le moment était donc mal choisi, outre que la coalition, en ne considérant que les intérèts des hommes les plus influents qui étaient à sa tête, était une faute énorme. Ils voulaient renverser le ministère, et ce ministère ne pouvait plus marcher! Ils n'avaient qu'à lui refuser tout concours, à se tenir dans une attitude expectante, et au premier vote il cessait de vivre. Jusqu'alors M. Guizot avait parfaitement compris sa position ; il avait octroyé au cabinet sa protection, il la lui avait souvent fait acheter au prix de beaucoup de dédains ; en se tenant tranquille, en persévérant dans son plan de conduite particulier, il revenait infailliblement au pouvoir. Par la force des choses, à défaut de la sympathie des caractères, il y aurait eu un rapprochement entre lui et M. Molé. Mais l'ardeur impatiente des jeunes doctrinaires entraîna M. Guizot ; il céda au torrent, et prit place au premier rang.

C'était ce qui pouvait arriver de plus heureux à M. Molé. Beaucoup d'hommes honnêtes, qui désertaient la cause du ministère, se rallièrent autour de lui quand ils le virent attaqué avec fureur par une alliance qui répugnait à leur moralité. Les plus hardis, d'ailleurs, les plus exaltés parmi les coalisés, prenaient directement la royauté à partie ; ils renouvelaient contre elle ces attaques indécentes, ces manœuvres qu'ils avaient repoussées avec énergie en d'autres temps. C'en était assez pour que les membres indécis se rapprochassent du ministère.

La coalition manquait donc son but ; bien plus, elle grandissait considérablement M. Molé : en butte

aux coups terribles, bien dirigés, savamment calculés , d'une opposition formidable qui possédait à fond la science et les artifices de la
stratégie parlementaire, ses efforts pour se défendre semblaient d'autant plus beaux, que les
chefs des coalisés étaient parvenus à répandre dans
le public l'opinion qu'ils avaient de leur propre mérite. Leur résister, et leur résister avec talent, pa-
raissait donc une chose prodigieuse. Une grosse
portion de la majorité, qui n'avait jamais aimé les
airs de supériorité de ses anciens chefs, et qui
était indignée de voir qu'on la prît pour un trou-
peau de votants, faisant nécessairement partie de
tout *bagage* ministériel, comme disait M. Thiers,
était charmée que M. Molé, dont elle aimait la personne et les formes agréables, pût, sans trop de
désavantage, tenir tête à de grands orateurs qui se re-
layaient pour le harasser. Il n'y avait auparavant que
deux personnages d'une influence prépondérante
dans le parlement, M. Guizot et M. Thiers; il y en a
aujourd'hui trois, et, en tout état de cause, il faudra désormais compter avec M. le comte Molé.

Jamais, depuis vingt-cinq ans que nous possé-
dons le gouvernement représentatif, on n'avait vu
une discussion aussi animée, aussi orageuse que
celle que souleva le projet d'adresse en réponse au
discours du trône. La coalition avait eu la majorité
dans la commission; dans le cours de la discussion,
son projet subit des mutilations et des changements
qui en modifièrent complètement l'esprit. La majorité, affaiblie par des défections, resta inébran-

lable. C'était un spectacle vraiment beau que de voir cette vieille garde constitutionelle, que les défections et l'abandon de ses anciens chefs n'avaient pu intimider, se lever serrée et compacte, et repousser à trois, à quatre, à huit voix tout au plus, mais repousser toujours les paragraphes de la commission. Jamais elle n'avait été si digne de respect, car jamais elle n'avait été mue par des convictions plus énergiques.

La coalition présentait un spectacle très différent : ici le tiers-parti, adossé à la gauche, dont la queue se terminait par les puritains et les radicaux ; là, le groupe des doctrinaires, isolé sur quelques banquettes de droite, voyant se lever, à une petite distance de lui, quelques légitimistes qui semblaient ne voter que pour regarder le mouvement des partis, rire de leurs haines et compter leurs blessures. Si tous ces gens-là avaient eu une explication à huis clos, ils ne se seraient pas entendus dix minutes ; ils ne pouvaient se considérer que comme des ennemis qui font trêve un instant, et qui s'attendent à se combattre de nouveau du jour au lendemain. Chacun d'eux espérait profiter de la victoire qu'ils tentaient de remporter en commun, et chacun entrait en ligne avec des intentions et des vues différentes. S'ils s'étaient demandé pourquoi M. Thiers faisait partie de la coalition, pourquoi M. Guizot, pourquoi M. Barrot, pourquoi M. Garnier-Pagès, et qu'ils se fussent expliqués franchement, ils auraient répondu : M. Thiers, parce qu'il lui fallait les affaires étrangères et une revanche contre la politique du Roi

que les Chambres avaient appuyée ; M. Guizot, un
peu parce qu'on l'avait négligé, un peu parce qu'il
croyait avoir à se plaindre de M. Molé, beaucoup
parce que les têtes chaudes, les casse-cou de son
parti, l'avaient obsédé ; M. Barrot, parce qu'il atten-
dait vainement le pouvoir depuis neuf ans, et parce
qu'il avait un système politique et des théories de la
façon de Pétion - Pique et d'autres niais de cette
force ; M. Garnier-Pagès, parce qu'il voulait faire
au gouvernement tout le mal possible, et le renverser, si la république lui venait en aide. M. Ber-
ryer aurait fait la même réponse que M. Garnier-
Pagès.

On gagne toujours, dans une assemblée où les
sentiments électriques sont faciles à communiquer,
à s'expliquer nettement et à dire ce qu'on a sur le
cœur. Tout le monde pensait ce qui vient d'être
exposé, et personne ne le dit formellement et en
termes catégoriques. Un tel langage aurait ravi vingt
voix à la coalition. Le ministère aurait pu ajouter :
« Vous nous attaquez avec tant de fureur, unique-
« ment parce que nous existons depuis vingt mois.
« Mais qui nous a d'abord soutenus, si ce n'est vous ?
« qui a conseillé de nous confier le pouvoir ? qui
« nous a appuyés jusqu'au milieu de la session der-
« nière ? Est-ce notre faute, si vos divisions ont mis
« la Couronne dans la nécessité d'avoir recours à
« nous ? Quand on vous a offert le pouvoir, vous
« l'avez refusé ; vous l'avez quitté volontairement ;
« par haine les uns des autres, vous n'avez pu re-
« constituer une administration forte, et parce qu'il

« vous plaît de vous réconcilier pour quelques jours,
« vous exigez qu'on vous cède la place? Mais la
« Couronne et la majorité sont donc à la merci de
« vos caprices, de vos exigences? Vous vous faites
« donc un jouet des principes du gouvernement re-
« présentatif, pour lesquels vous affectez tant de véné-
« ration et tant d'amour? Parce que vous avez rendu
« des services, de très-grands services, est-ce une
« raison pour que le pouvoir vous soit inféodé, pour
« que vous en disposiez arbitrairement, l'adjugeant
« aux autres par commission, quand vous ne pouvez y
« rester en vous accordant, et menaçant de l'escalader,
« quand d'autres que vous se croient titulaires du
« poste qu'ils occupent? Dans un gouvernement
« comme le nôtre, le pouvoir responsable n'appar-
« tient à personne exclusivement; il est sans cesse
« au concours. Tous sont appelés, peu sont élus;
« mais les élus sont encore assez nombreux pour
« que bien des ambitions soient exposées à souffrir
« et à attendre. Vous vous exagérez votre impor-
« tance; dans un temps comme celui où nous vivons,
« et avec les formes de notre gouvernement, les
« hommes s'usent promptement; ils passent, parce
« qu'ils ne peuvent toujours suffire à la diversité des
« situations qui se succèdent. Vous autres, généraux,
« vous ne nous attaquez peut-être pas à votre profit;
« croyez-vous donc que ceux qui marchent immé-
« diatement après vous, et qui ont aussi de l'ambition
« et du talent, consentiront à n'être jamais qu'en se-
« conde ligne? Vous vous êtes haïs, vous vous haï-
« rez longtemps, et, le jour où nous nous retirerons,

« vous donnerez encore le spectacle de vos haines.
« Vous vous exclurez mutuellement ; les tiraille-
« ments vont recommencer, et vous prouverez, plus
« que jamais, que mille obstacles s'opposent à ce
« que des hommes de votre talent reviennent au
« pouvoir. »

M. Molé ne pouvait, à lui tout seul, tenir tête
à la coalition, et ses collègues ne l'avaient que fai-
blement secondé. La majorité, qui avait repoussé
le projet d'adresse de la commission, parce qu'il
renfermait des insinuations contre la Couronne,
exigeait toujours qu'il fît un remaniement dans le
cabinet. C'était lui demander l'impossible ; les chefs
de la coalition et leurs lieutenants ne voulaient entendre à aucun accommodement ; ils exigeaient que
le ministère se retirât tout entier. Le gouvernement
était paralysé ; ce fut dans ces circonstances que la
mesure de la dissolution fut agitée dans le conseil.

Les ministres étaient indécis : on assure que le
Roi fit cesser toute irrésolution, en déclarant que son
parti était pris et que la dissolution aurait lieu. Les
Chambres furent convoquées pour une communi-
cation du gouvernement. A peine l'ordonnance de
prorogation, qui devait être suivie de celle de dissolution, fut-elle connue à celle des députés, qu'il
se manifesta un mouvement extraordinaire. La coalition se répandit dans les couloirs, dans la salle
des Pas-Perdus, et l'on vit se renouveler ces scènes
qui avaient signalé les luttes d'une autre époque.
On s'encourageait, on se promettait mutuellement
protection et secours, et l'on caressait les journa-

listes qui semblaient, en ce moment, les arbitres
de la situation. Depuis quelque temps, ils jouaient
un grand rôle; ils discutaient avec chaleur, parta-
geaient les passions de la Chambre, et séparés en
deux camps, ils avaient oublié cette confraternité
que la différence d'opinions n'altère pas toujours.
Ceux qui surtout avaient défendu le gouvernement
dans les jours de péril, et qui étaient passés sous
la bannière de la coalition, à la suite de la scission
qui venait de s'opérer dans le parti constitutionnel,
échangeaient avec les journalistes ministériels les
mots les plus blessants. La salle des Pas-Perdus était
comme une arène où se reproduisaient, avec encore
plus de violence et d'énergie, les discussions de la
Chambre. Le jour de la prorogation, les journalistes confondus avec les députés, recevaient leurs
adieux, promettant d'appuyer l'élection de leurs
amis et de leurs patrons. On s'excitait et l'on affectait une confiance que n'avait pas tout le monde.

On se croyait revenu aux jours de 1827 et de
1830. Un mot de M. de Rémusat rendit très-spiri-
tuellement cette pensée. « Eh! bien, lui dit quel-
« qu'un, que pensez-vous de tout ceci? — Eh! mon
« cher, répondit-il, je pense que nous voilà rajeu-
« nis de dix ans. » Tel était l'entraînement des esprits,
telle l'exaltation des sentiments, que les plus clair-
voyants par esprit et par opinion étaient alors aveuglés. Ainsi, les doctrinaires croyaient avoir, en quelques semaines, reconquis leur ancienne popularité;
ils pensaient que leurs adversaires constants depuis
neuf années avaient oublié les luttes et les animo-

sités qui avaient marqué l'histoire de la monarchie de juillet. Tous néanmoins ne pensaient pas ainsi, et M. Duvergier de Hauranne ne se méprenait pas sur la portée du mouvement que la coalition avait soulevé dans l'opinion publique. Il dit à une personne qui le félicitait, en prophétisant, à tout hasard, que la coalition aurait la majorité dans les élections : « Ne vous y trompez pas, notre parti va « disparaître; les chances sont pour la gauche, et « elle seule va gagner dans les élections. »

M. Duvergier voyait bien, et ses craintes n'étaient que trop fondées. Elles étaient partagées par une partie de la majorité des 221 qui avaient voté l'adresse. Ils témoignèrent leur mécontentement que la mesure de dissolution eût été adoptée sans qu'on les eût consultés. La dissolution, en effet, était une faute immense, capitale ! La politique qui l'avait voulue, avait été mal inspirée ; elle jouait son va-tout sur un coup de dé. Les ministres avaient offert leur démission; elle devait être acceptée. Ils avaient obtenu une si faible majorité, il devenait tellement impossible à M. le comte Molé de fortifier son cabinet en le modifiant, qu'il était évident que le ministère ne pouvait rester. Des têtes chaudes comme il y en a dans tous les partis, dans les plus sages comme dans les plus exaltés, disaient bien qu'il fallait proroger la Chambre pendant quelques semaines, agir par intimidation, destituer plusieurs fonctionnaires qui étaient dans l'opposition, gagner quelques voix et soutenir la lutte contre la coalition. C'était mal connaître la tournure de l'esprit en

France ; on ne cède pas, on ne faiblit jamais dans un moment de fièvre et d'exaltation ; tout le monde est ferme, inébranlable, et pas un seul député n'eût déserté la coalition ; le ministère seul pouvait perdre des voix.

Il était pénible, sans doute, de confier le pouvoir à ceux-là même qui l'enlevaient, pour ainsi dire, de vive force. Mais le ministère, en se retirant, prouva qu'il ne comptait plus sur une majorité suffisante : d'ailleurs, M. Guizot avait dit, quand on accusait la commission d'attaquer les prérogatives de la couronne, qu'il y *tenait immensément* ; et l'on pouvait l'en croire, car on sait qu'il a le culte de la monarchie. Voici ce qui serait arrivé : ou bien les chefs de la coalition, mis en demeure de former une administration, n'auraient pu s'entendre ; ils auraient donné ce triste et honteux spectacle de leurs divisions qu'ils offrirent quelques semaines après, et alors M. Molé se présentait de nouveau à la chambre avec ses collègues pour dire qu'après l'impossibilité bien constatée de la formation d'un cabinet autre que le sien, il avait cru devoir, par dévouement pour le pays et le trône, reprendre le pouvoir responsable. Oh! alors une majorité ne lui aurait pas manqué, et il aurait facilement trouvé quelques nouveaux collègues influents dans la Chambre. Ou bien encore, en présence de la majorité, quelques chefs de la coalition se fussent montrés moins exigeants, moins exclusifs qu'ils ne le furent quelques semaines après, et toutes les fois qu'ils auraient voulu poser des conditions arrogantes, il aurait fallu compter avec cette majorité : le gouvernement représentatif était respecté, et la prérogative royale ne courait aucun danger. Dissoudre une Chambre où il y avait une majorité courageuse, était donc une faute inexplicable, et il est téméraire d'espérer qu'on pourra maîtriser l'esprit public dans un moment d'exaspération, de violences et de récriminations.

On se prépara aux élections au milieu d'une agitation inexprimable. La presse était furibonde, aussi bien celle du ministère que celle de la coalition. Le ministère faisait accuser la coalition de vouloir la guerre; l'accusation était injuste, et surtout elle était maladroite. C'était faire une invocation à la peur, et c'était mal connaître le pays. M. Guizot répondit dans un manifeste, modèle de vigueur et de dialectique. M. Thiers publia aussi son manifeste, écrit, sous sa dictée, par un des littérateurs de son parti, avec cette négligence prolixe que M. Thiers affecte les jours où il lui plaît de travailler en déshabillé. Il fallait bien que M. Barrot lançât le sien. Il se retira à la campagne, et là, durant trois jours et trois nuits, si la chronique est fidèle, il se livra à une immense dissertation. Ce travail fut livré au public après avoir été revu, corrigé, retouché en tous sens, refondu, considérablement diminué, et mis en un français tel quel par un rédacteur du *Courrier*.

M. Guizot faisait une profession de foi monarchique et parlementaire ; il disait, en faisant appel au souvenir de tous, qu'il avait toujours voulu l'ordre et la paix, et récriminant à son tour, il accusait ensuite le ministère d'avoir compromis l'un et l'autre. M. Thiers disait que tous les gouvernements ont péri pour avoir dépassé leur but, pensée qu'il avait récemment exprimée à la tribune, et qu'il a plusieurs fois reproduite dans son *Histoire de la révolution*. Quant à M. Barrot, son manifeste était plus vide encore, plus confus, plus embrouillé que ses discours : il serait donc difficile d'en préciser le sens.

Tout le monde craignait, tout le monde espérait, tant l'incertitude était grande sur le résultat des élections. Elles avaient été disputées avec acharnement, elles se firent au milieu de l'irritation générale. Tous les partis étaient enflammés de colère. Le télégraphe était en mouvement; de minute en minute, le ministère recevait la nouvelle d'un échec; ses meilleurs amis restaient sur le champ de bataille électoral, et la coalition gagnait des voix. Il eut bientôt la certitude que les élections lui étaient défavorables, et il donna définitivement sa démission.

La coalition triomphait, la consternation était au cœur du gouvernement. Ceux qui l'avaient servi avec dévouement étaient dans une poignante anxiété; ils craignaient que la coalition, débordant victorieuse, en faisant irruption au pouvoir, ne s'y conduisît comme dans une place prise d'assaut. Les partis traînaient à leur suite une tourbe famélique, qui pâtissait depuis longues années, et qui était impatiente de se ruer sur les emplois publics. Les doctrinaires étaient les seuls qui n'eussent pas derrière eux une foule avide à gorger. Le parti du

gouvernement n'avait d'espoir qu'en M. Guizot ;
l'adhésion de cet homme d'état aux actes de la
coalition n'était aux yeux de ce parti que le renie-
ment de saint Pierre. Le Roi manda M. Guizot ;
S. M. lui dit qu'elle avait tout oublié, et qu'elle ne
mettait pas en doute son attachement à la monarchie. Pendant quarante-huit heures M. Guizot parut l'arbitre de la situation ; il s'occupait de répondre à l'auguste confiance qui lui avait été témoignée,
et l'opinion désignait déjà le ministère de coalition,
quand on sut que M. Guizot lui-même était l'objet
d'une exclusion blessante, motivée par la défiance
qu'il inspirait à la gauche et au tiers-parti.

Les esprits avaient marché si vite dans la voie
périlleuse où ils étaient engagés, qu'on trouvait tout
naturel de déférer la présidence de la Chambre à
M. Odilon-Barrot ! Et, en effet, il était sur le point
de l'obtenir ; mais cette concession ne pouvait plus
satisfaire l'ambition de la gauche. Enivrée par la
victoire remportée par la coalition, victoire où elle
avait gagné quelques voix, elle fit signifier par une
députation à M. Barrot qu'elle ne consentirait pas
à voir le portefeuille de l'intérieur aux mains de
M. Guizot. M. Thiers parut contrarié de cette dé-
marche ; c'était pure hypocrisie de sa part, car il
dépendait de lui de contenir les mauvais vouloirs
de la gauche à l'égard de M. Guizot. Elle savait fort
bien qu'elle ne pouvait rien toute seule, et si
M. Thiers eût insisté, en déclarant qu'en retour des
grands services qu'avait rendus M. Guizot, sans
lequel la balance n'eût jamais penché en faveur de

la coalition, et en considération de son mérite
éminent, le département de l'intérienr devait lui
revenir, qu'il en faisait une condition essentielle de
son concours, la gauche aurait cédé. Mais M. Thiers
feignit d'avoir la main forcée, et il aurait été charmé
de reléguer M. Guizot à l'instruction publique.
M. Barrot disait amphatiquement, dans des expli-
cations qui furent données quelques semaines après,
qu'on peut servir son pays dans un département
comme dans un autre; et il oubliait qu'il y avait
quelques minutes à peine que son ami, M. Thiers,
déclarait solennellement qu'il ne voulait d'autre
portefeuille que celui des affaires étrangères!

La combinaison projetée, à laquelle M. le maréchal duc de Dalmatie devait donner son nom, et
où M. Thiers devait obtenir l'objet de sa convoitise,
fut donc rompue. L'exclusion de M. Guizot était
à la fois une preuve d'ingratitude et d'aveuglement.
L'ancienne majorité avait, en tout, perdu vingt-huit
voix; elle comptait encore plus de deux cents membres, et si les doctrinaires déplaçaient leur vote,
la coalition redevenait minorité. La gauche avait
tant de jactance, qu'elle ne fit pas même ce calcul
si simple. Si jamais ( ce qu'à Dieu ne plaise! ) elle
gagnait soixante voix nouvelles dans les élections
générales, que ferait-elle donc, et que demanderait-
elle?

De cette première faute datent tous les mécomptes
de la coalition. Un ministère centre-gauche allait se
former; le tiers-parti pleurait de tendresse, mais la
conduite inouïe de M. Thiers, son manque de res-

pect envers la royauté, scandalisèrent ceux même qui devaient être ses collègues, et ses propos méchants contre M. le maréchal Soult renversèrent cette nouvelle combinaison. D'autres tentatives ne réussirent pas davantage. La crise continuait. M. Thiers voulait être le régulateur souverain de la situation ; il disposait de la plus grande partie de la presse, et comptait plus de *quarante mille abonnés !* Il était à son apogée, et, dans son orgueil, il se plaça à la tribune comme sur un piédestal. Là, il parla en rival de la royauté, et dit à plusieurs reprises : « Le roi était dans son droit, moi dans le « mien ! Le roi et moi, moi et le roi ! » La Chambre écouta sans murmurer ce langage insolent ! Il marchait escorté des journalistes de son parti, donnant le mot d'ordre, et dictant des calomnies contre la Couronne. Dans son hôtel de la place Saint-Georges, il déclamait publiquement contre elle, dénigrait le roi d'une façon horrible, parlait avec une irritation convulsive, s'écriant fréquemment : « Il faut le *ma-* « *ter !* » Et il accompagnait ces paroles d'un geste d'extermination qui rappelait celui de Danton, quand il préludait aux massacres de septembre par ces mots sinistres : « Il faut faire peur aux royalistes ! »

Le tiers-parti, ou plutôt M. Thiers avait mis le siége devant les Tuileries et tenait le parlement en échec. En quelques mots, voici quelle était la situation : les deux cents étaient disposés à prêter leur concours à un ministère parlementaire qui n'opprimerait pas la Couronne ; les doctrinaires étaient divisés, et cette scission annulait leur vote au scrutin ; le tiers-parti et la gauche formaient à peine cent-soixante-dix voix. La plus grosse fraction était évidemment celle des deux cents, mais ils ne pouvaient seuls faire vivre un cabinet, parce que les partis extrêmes, se joignant à l'opposition de gauche et du tiers-parti, auraient constitué le gouvernement en minorité. En se réunissant aux deux cents, le tiers-parti aurait bien formé une majorité, mais il entendait dicter des conditions, s'adjuger tous les portefeuilles, et il trouvait mauvais que la royauté, qu'il avait attaquée et qu'il attaquait tous les jours, ne se mît pas à sa dévotion, et que les deux cents parussent peu disposés à lui passer toutes ses fantaisies.

A vrai dire, tous les hommes du tiers-parti n'avaient pas au fond les mêmes exigences ; mais M. Thiers, qui voyait qu'il serait impossible de constituer une majorité sans l'accession d'une fraction du tiers-parti, retenait tous ses partisans par la crainte. Ils redoutaient les foudres du journalisme-Thiers, et n'osaient rompre les chaînes, tous les jours plus pesantes, qu'il leur imposait pour les retenir. Mais le joug commençait à leur peser, et M. Passy s'en était déjà affranchi. Sans la défection de quelques jeunes doctrinaires qui passèrent à M. Thiers, son élévation au fauteuil de la présidence qui lui avait été déférée par les deux cents, devenait le signal de la formation d'un ministère parlementaire et conservateur. M. Dufaure, M. Sauzet, plusieurs hommes marquants du tiers-parti et les plus honnêtes, étaient fatigués de M. Thiers ; il abusait de l'empire qu'il avait usurpé, et ils n'attendaient que l'occasion de lui échapper. M. Dufaure surtout, homme d'un caractère conciliant, de formes parlementaires, fort loyal, le seul esprit distingué peut-être qui ne nous soit pas arrivé quelque peu gascon des bords de la Garonne, devait être choqué des prétentions arrogantes de M. Thiers, de ses roueries pour parvenir à ses fins. Orateur élégant, d'ailleurs, d'une éloquence simple, naturelle, ferme, d'une logique serrée et pressante, se sentant capable d'apporter au pouvoir, avec l'inexpérience du maniement des affaires, ce sens droit qui met promptement un administrateur à la hauteur de ses fonctions, il devait singulièrement lui répugner d'être comme en tutèle; et, s'il croyait avec raison au rare talent de M. Thiers, il avait la conscience du sien, et que M. Thiers le voulût ou ne le voulût pas, il se sentait du bois dont on fait les ministres.

La crise se prolongeait indéfiniment de la manière la plus alarmante; la royauté était dans le plus grand embarras, elle éprouvait les plus amers chagrins. Depuis deux mois, l'action constitutionnelle des pouvoirs de l'État était suspendue; la Chambre avait été inutilement prorogée, il avait fallu parer aux besoins les plus pressants de l'administration par la formation d'un ministère provisoire. Le danger de la crise politique se compliquait et s'aggravait de tous les maux d'une crise commerciale. Des faillites étaient déclarées à Paris, à Lyon, à Bordeaux, dans tous les grands centres d'industrie et de fabrication; le pays était dans la souffrance et dans l'irritation; l'aigreur augmentait tous les jours.

Tout le mal encore n'était pas à la surface; une agitation sourde fermentait dans certains esprits; les factions, comprimées depuis trois ans, et que la déplorable lutte soutenue par la coalition avait enhardies, s'étaient remises à conspirer plus activement, à former des plans. Quand elles crurent que le moment était venu de mettre leurs projets à exécution, elles reparurent en armes. Le dimanche, 12 mai, le parti républicain, mêlé à d'autres partis, fit irruption dans les rues et sur la place publique; des gardes nationaux, tranquilles à leur poste, des citoyens marchant paisiblement dans les rues, des pères de famille, furent égorgés en plein jour, des soldats de la ligne massacrés; la force publique fut attaquée. Il fallut tout le zèle des autorités, toute l'énergie de la garde civique et de la troupe pour contenir la révolte, l'empêcher de s'étendre, et pour la dompter.

L'imminence du danger et les embarras de la Couronne déterminèrent quelques hommes à prendre la responsabilité d'une situation grave. En acceptant le pouvoir, ils firent acte de courage et de patriotisme. Le 12 mai, dans la soirée, une administration fut formée, et, le 13 mai au matin, le *Moniteur* apprenait à la ville de Paris et à la France que le gouvernement était enfin constitué !

Le ministère du 13 mai est, en majorité du moins, un ministère centre gauche. Les deux cents n'y sont représentés que par M. Cunin-Gridaine, homme intègre, modeste, que son travail et son mérite ont élevé à la haute position qu'il occupe aujourd'hui, mais qui n'a d'autre influence que celle qu'il tire de sa position parmi les deux cents. Il est dans un département où la politique a fort peu de chose à voir. Les deux cents ont encore un représentant au pouvoir dans M. Quesnault, secrétaire-général au ministère de l'intérieur, homme bienveillant, conciliant, également bien vu dans la Chambre et dans l'administration, qui jouit près de ses collègues d'une grande considération, qui a toute leur confiance et qui la mérite. Sa retraite, si elle avait lieu, pourrait ébranler le ministère. M. Quesnault a donc une grande influence, mais il n'a pas une position correspondante. M. Duchâtel, il est vrai, qui appartient, par ses antécédents jusqu'à la coalition, au parti conservateur, a un département considérable; mais l'homme n'est pas au niveau de la place.

Peu de fortunes s'expliquent aussi difficilement que celle de M. Duchâtel. Son père était directeur-général de l'enregistrement et des domaines sous le gouvernement impérial; sa mère était une des plus belles femmes de la cour, où elle jouissait de beaucoup de faveur. Sous la Restauration, la famille de M. Duchâtel fut reléguée à l'écart, comme beaucoup d'autres familles. Celui qui est aujourd'hui ministre étudia, avec quelque succès, les théories financières et économiques, généralement moins connues alors qu'elles ne le sont aujourd'hui. Il était donc facile de s'y faire remarquer avec une capacité médiocre. M. Duchâtel publia, sur ces matières, quelques écrits et des articles dans le *Globe*, communément pensés et d'un style fort lourd. La Révolution de Juillet le prit comme par la main, et, grâce à la protection de M. Guizot, elle le conduisit à la députation, et ensuite au ministère. Quelques semaines après son entrée dans la Chambre, l'influence des doctrinaires lui faisait donner un portefeuille. Plus tard, il a fait un mariage de plusieurs millions. Il ne manque pas de mérite dans les parties qu'il a étudiées ; les lois qu'il a présentées sous le ministère du 6 septembre en sont la preuve ; mais il n'a aucune idée politique, c'est un esprit sans portée et sans élévation, et il perdrait infailliblement la tête, s'il était abandonné à lui-même dans une situation périlleuse ou seulement difficile. Il est mou, indolent, négligent, peu actif, obstiné dans les petites choses, n'échappant aux difficultés qu'en les éludant, et ne disant jamais le fond de sa pensée. Esprit étroit, il ne voit dans toutes les questions que la question d'argent. Mais il possède une certaine habileté de savoir-vivre ; il sait prendre assez sur lui-même, quoiqu'il ait peu d'affabilité dans le caractère, pour faire à la Chambre bon visage à tout le monde. Il est peureux ; ce qu'il redoute surtout, c'est une attaque des feuilles de l'opposition, et il est pour elles plein de prévenances. Aussi, dans un temps où l'on s'accommode volontiers des hommes médiocres, on conçoit que M. Duchâtel ait trouvé beaucoup d'indulgence à la Chambre, et que la presse de l'opposition l'ait ménagé. Il est déplacé dans un département où il faut à la fois être homme d'état et administrateur vigilant ; et quant à ses facultés oratoires, pour s'en faire une juste idée, il faut avoir ouï M. Duchâtel.

Le ministère a de bonnes intentions, il l'a quelquefois prouvé ; mais quelques uns de ses membres ont dû payer tribut à leur inexpérience et à la mauvaise direction d'idées dans laquelle ils ont long-temps marché. Tous les ministres n'offrent pas assez de garanties aux principes de stabilité. Le gouvernement est sur une mauvaise pente ; il incline vers la gauche ; il lui laisse prendre de l'ascendant partout, dans l'administration, dans la presse, dans le pays. Si cet état de choses continue, on peut être sûr qu'aux prochaines élections générales, elle aura la majorité. Nous verrions alors ce qu'il adviendrait de nos institutions, des conquêtes faites par l'ordre sur l'anarchie, des lois protectrices du trône et de la tranquillité, de ce trône lui-même ! On n'y peut songer sans frémir. Malheureusement, le parti conservateur n'a, dans le cabinet, que des positions secondaires ou sans importance politique, et le portefeuille de l'intérieur est entre les mains d'un homme qui a peu de souci de l'avenir, qui ne voit pas, qui fera clandestinement mille concessions dangereuses à l'opposition, pourvu qu'elle le laisse tranquille.

## CONCLUSION.

La situation est donc réellement fort alarmante, d'autant plus que nous sommes conduits doucement, insensiblement, par la pente sur laquelle le pouvoir glisse complaisamment et à petit bruit, vers un abîme inévitable, et où nous tomberons bientôt avec lui, si les hommes d'ordre et de conservation ne s'unissent pour l'arrêter sur le glissant du précipice.

Pour cela que faut-il faire ? Rentrer franchement, mais sans secousse, sans même un semblant de réaction, dans les voies que le gouvernement de Juillet a suivies pendant plusieurs années, et où il a trouvé sûreté, force, consolidation pour lui-même, ordre et prospérité pour le pays. Ne dévions pas d'un système qui nous a valu tant d'avantages, qui a popularisé en Europe le nom français, fait pénétrer dans ses gouvernements la modération nécessaire à la conservation d'une paix honorable pour tout le monde ; qui avait prévu les résultats que devait produire la complication des événements ; qui nous a placés comme les arbitres de l'Europe et du monde, et qui fait encore en Orient jouer à la France un rôle dont la grandeur sera attestée par le dénouement qui se prépare. Ce système a contribué à développer l'aisance individuelle, à améliorer le sort des classes pauvres, et à mettre la société à l'abri des tentations du désespoir et des mauvaises passions excitées par la souffrance. Il a préparé d'immenses ressources dans le cas où la France devrait encore montrer sa puissance et le courage de ses enfants sur les mers et sur les champs de bataille. Partout où sa prévoyance a dû se porter, les événements lui ont donné raison. Dans une seule question, dans celle de la colonisation d'Afrique, le système de prudence et de modération a eu la main forcée ; il a fallu lâcher la bride aux imprudents et aux brûleurs d'amorces : qu'en est-il résulté ?

Il faut le proclamer, parce que cela est vrai et compris de tous : une auguste sagesse a présidé au développement de ce système. Ayons confiance en

elle, et prêtons-lui avec mesure toute la force com-
patible avec l'esprit de nos institutions. Au reste,
ce n'est pas la royauté qu'il faut craindre aujour-
d'hui ; le trône n'a que la force qu'il tire d'ailleurs ; toute la puissance réside de fait dans l'un
des pouvoirs de l'État. Si tout ne tendait à le prouver chaque jour, la coalition en aurait fourni la
preuve éclatante. Que M. Thiers l'eût emporté, et la
royauté tombait dans l'avilissement, et le trône n'é-
tait plus qu'un escabeau appuyé sur quelques plan-
ches recouvertes de velours !

Mais afin que tous les pouvoirs soient forts, res-
pectés, le pays heureux et florissant, il faut que ce
pouvoir qui peut tout faire marcher ou bien tout
paralyser, ait une volonté, une direction, et pour
cela, qu'il renferme une véritable majorité, ayant des
chefs reconnus et qui inspirent une entière confiance
à tous les hommes de progrès modéré et de sage conservation. Tous les anciens partis sont dissous, bri-
sés, modifiés ; il faut qu'ils se réunissent pour constituer un parti national et monarchique, qui sache
se prémunir contre le retour de ces funestes divisions qui ont produit le mal dont nous avons souffert,
et qui ont manqué compromettre l'œuvre de neuf
années de sagesse. Il faut aussi que la royauté aide
à la formation de cette majorité nouvelle, dans l'intérêt du pays, dans celui de la dynastie. Ce grand
bienfait couronnera tous les autres. Elle en a le pouvoir, car les partis aujourd'hui ont cessé leurs hosti-
lités, et ils ne contestent plus ses prérogatives constitutionnelles. C'est à sa haute prévoyance, qui a vu
de si loin dans les grandes choses, à prévenir le dan-

ger qu'une confusion morale et les envahissements qui en seraient la suite, ne manqueraient pas d'amener. Le parti conservateur de la Chambre élective la secondera de toutes ses forces. En attendant que la majorité soit complète, compacte, suffisante, il devra surveiller le ministère du 13 mai, et ne lui prêter tout juste que la force nécessaire pour qu'il vive jusqu'à ce qu'il se fortifie par l'adjonction d'hommes forts, qui sentent bien qu'on peut grandir soi-même avec un gouvernement qu'on a fondé, mais que du moment où il est institué, il ne peut considérer les services rendus au pays dans la personne du monarque, du même œil qu'un particulier doit voir ceux qu'il a reçus, et que des hommes doivent toujours courber le front devant la majesté d'une institution.

On demandera peut-être si l'auteur de cet écrit, pour se permettre de dire ces choses ou d'exprimer son avis, est un pair de France, un député, un homme d'état, un publiciste en réputation. Il n'est rien de tout cela ; il est même tellement obscur, qu'il ne se nomme pas, parce que son nom ne serait d'aucun poids en faveur de ce qu'il dit. Mais il a écrit ce qu'il pense, et, comme il n'a aucun parti à flatter, aucune place à demander, il espère que son opinion sera considérée comme celle d'un homme impartial et désintéressé. Il a pris la plume avec le ferme désir d'être vrai et sincère, et, en la quittant, il croit pouvoir se dire comme Montaigne : « Ceci est l'œuvre « d'un homme de bonne foi. »

21 décembre 1839.

Imprimerie de H. Fournier et Comp., rue de Seine, 14.

9 782329 155418